✦ 국수를 좋아하는 사람들을 위한 특별한 여행

/ 이태원   / 중구
/ 홍대입구 / 종로
/ 강남   / 삼청동

서울 누들로드

글 홍난영 사진 이진우

글 홍난영 사진 이진우 발행인 이호철 책임편집 이지현 편집 김도연 디자인 조수영
초판 발행 2012년 3월 20일 발행처 북웨이 등록 2005년 8월 1일 제 2-4206호 주
소 서울시 마포구 동교동 198-20 한사빌딩 407호 전화 02. 2278. 6195 팩스 02.
2268. 9167 이메일 master@bookway.kr 홈페이지 www.bookway.kr 페이스북
www.facebook.com/bookwaypub 트위터 @_bookway ISBN 978. 89. 94291.
22. 2 (13590)

가격 16,000원

잘못 만들어진 책은 바꾸어 드립니다.

내지 스노우지 100g/㎡ 표지 스노우지 250g/㎡
인쇄 영창인쇄(주) 제본 진성제책사

✦ 프로필

글 홍난영(먹는 언니)

2006년부터 FOOD 전문 블로그를 운영해 오고 있는 먹는 언니, 홍난영은 지난 4년간 우수 블로거로 선정되었고, 2010년에는 서울시에서 운영하는 '청년창업1000'에 합격하여 작가주의 소셜마케팅 회사인 '먹는언니 컴퍼니' 대표로 변신했다.
기존의 재미없는 소셜 마케팅은 저리가 라고 외치며 유쾌함이 담겨 있는 서바이벌 레스토랑, 점심원정대, 먹사장의 기습할인 등의 FOOD 버라이어티를 기획, 진행해 오고 있으며 '세상은 넓고, 먹고 놀 것은 많다'라며 죽기 전까지 세상에 있는 모든 먹거리를 다 섭렵해 보겠다고 외치며 지금도 점점 위대(胃大)해지고 있다.

블로그 foodsister.net 트위터 @foodsister
페이스북 fb.com/foodsister
웹사이트 foodsistercompany.com

사진 이진우(중고나라 소심녀)

1999년부터 사진을 찍어 온 사진작가로, 먹는 언니와 동기 동창이다. 아기사진 전문인 '스튜디오 도로시'를 운영하고 있으며 수많은 아기들의 백일사진, 돌사진 등을 찍다 먹는 언니에게 포섭당해 음식사진 영역으로 진입했다. 앞으로는 좀 더 다양한 영역의 사진을 찍어 보고 싶다는 포부를 드러내며 야심차게 촬영하고 있다.

블로그 blog.naver.com/ian9303
웹사이트 idorothy.co.kr

2011년 1월, 우리는 국수여행을 시작해 보기로 했다.

나는 2006년부터 푸드 블로거로 활동해 오면서, 최근 들어 뭔가 아쉬움을 느끼던 터였다. 그냥 블로거로 남는 것도 좋지만, 옛말에 고여 있는 물은 썩는다고 하지 않던가. 나의 블로깅에도 변화가 있어야 했고, 스스로도 진화해야 했다. 마침 아기들의 사진을 전문으로 찍던 친구인 '중고나라 소심녀'에게도 변화의 바람이 절실히 요구되던 때였다. '사진'으로 인생을 디자인하면서 살아가려면 그것을 통해 할 수 있는 보다 다양한 영역을 확장할 필요가 있었다.

블로그란 개인에게 있어 그저 취미일 수도 있지만, 삶에 있어서 다양한 도전을 해볼 수 있는 공간이기도 하다. 맛있는 음식을 먹으러 다니는 것이 무슨 도전이냐며 반박하는 분들도 있겠지만, 자기가 구축해 놓은 영역에서 그와 어울리는 어떤 일을 꾸준히 해낸다는 것은 결코 쉽지 않은 일이다. 블로그를 통해 장기 프로젝트를 진행하면서 꾸준히 소통하고 시리즈 형태로 글을 쓴다는 것, 그것은 개인 블로거에서 전문 블로거로 거듭나는, 일종의 티핑 포인트라고도 볼 수 있다.

그래서 선택한 것이 국수여행이었다. 한 가지 음식을 테마로 여행을 떠나 보면 재미도 있고 의미도 있을 거라고 생각했다. 여러 가지 조건상 서울 지역의 가게들로 선택지를 한정 지을 수 밖에 없었지만, 기회가 되면 전국 투어를 해 보고 싶다는 생각도 든다. 그리고 이번 계기로 우리는 스스로를 '음식 여행자'라고 부르기로 했다.

✦ **등장인물**

먹는 언니 하루 24시간 중 절반 이상은 컴퓨터로든 모바일로든 인터넷에 접속해 있는 호모 인터넷 사피엔스. 이상하게 20대 중반부터 먹는 것과 밀접한 관계를 가지면서 결국 먹는 언니로 브랜딩되어 버렸다. 자타공인 일 벌이기 천재로, 현재 '먹는언니 컴퍼니'를 창업하면서 소셜 브랜딩에 앞장서고 있다.

중고나라 소심녀 먹는 언니의 대학 동기로, '칠공주'가 아닌 '일곱 여자' 멤버이다. 평소 쿠폰을 모아 음식으로 바꿔 먹고, 세일기간을 꿰고 있으며, 할인 품목을 선호하는 소심한 A형. 아기 사진 전문 스튜디오 CEO인 그녀는 최근 품목을 다양하게 늘려 보려고 애쓰고 있다.

왜냐하면 허당녀 중고나라 소심녀와 마찬가지로 먹는 언니의 대학 동기이자 '일곱여자' 멤버. 일곱 여자가 토론을 할 때 '왜냐하면'이라는 수식어를 사용하면서 논리적인 의견을 피력하는 듯 보이나, 자세히 들어 보면 허당으로 끝나는 경우가 많다고 해서 붙은 닉네임. 하지만 일곱 여자 중 가방 끈은 가장 길다.

요술 상자 손재주가 뛰어나고 수납 정리함을 굉장히 좋아한다. 언젠가 이사를 도와주다가 그 좁은 공간에서 꾸역꾸역 살림살이가 나오는 걸 목격한 먹는 언니가 "그야말로 요술 상자일세."라고 이야기하면서 닉네임이 '요술 상자'가 되어 버렸다. 최근에는 '만물 상자'로 이름 붙여 줄 걸 그랬다고 후회하는 중이다.

✦ 목차

이태원 편

1. 부다스 벨리(Buddha's Belly) — 11
2. 녹사 라운지(noxa LOUNGE) — 20
3. 르 사이공(Le Saigon) — 26
4. 블리스(bLiss) — 33
5. 완탕 — 40
6. 스파이스 테이블(SPICE TABLE) — 48

홍대입구 편

1. 하카다분코(博多文庫) — 61
2. 청키면가(忠記麵家) — 70
3. 원당 국수 잘하는 집 — 78
4. 이름 없는 칼국수집 — 86
5. 수안라(Suanla) — 94
6. 온 더 식스(On the 6) — 104

강남 편

1. 삼대 국수회관 — 115
2. 장케 — 124
3. 음악국수집 — 132
4. 두레국수 — 144
5. 복진면 — 152
6. 소호정(笑豪亭) — 160
7. 낙지골 — 168
8. 샘밭막국수 — 176

중구 편

1. 안동장(安東莊) — 187
2. 개화(開花) — 194
3. 우래옥(又來屋) — 201

	4. 일류분식	208
	5. 한순자 손칼국수	217
	6. 할머니국수	224
	7. 명동교자	232
	8. 오장동 흥남집	240
	9. 오장동 함흥냉면	246
	10. 오장동 신창면옥	252
	11. 거제식당	258
종로 편	1. 미진	272
	2. 깃대봉 냉면	280
	3. 낙산냉면	287
	4. 골동면	292
	5. 사가라멘	300
삼청동 편	1. 눈나무집(雪木軒)	310
	2. 쿠얼라이(QuoLai)	316
	3. 황생가(黃生家) 칼국수	324
	4. 수와래(soowarae)	330
기타	1. 아마센(天泉)	338
	2. 동문 우동 전문점	346
	3. 을밀대	352

✦✦✦

이태원 편

부다스 벨리(Buddha's Belly)

녹사 라운지(noxa LOUNG)

르 사이공(Le Saigon)

블리스(bLiss)

완탕

스파이스 테이블(SPICE TABLE)

자, 이태원. 터벅터벅 살고 있는 나의 일상과는 조금 다른 분위기를 풍기는 동네다. 20대 초반에는 신촌에서 친구 따라 2차로 건너와 춤도 추고 술도 마시면서 밤을 새기도 했다. 하지만 음주가무보다는 그냥 음주를 더 좋아하던 탓에 더는 길게 방문하지 않았다.

한참을 들여다보지 않던 동네라서였을까? 그곳은 왠지 신비로울 것만 같다는 느낌이 꽉꽉 들어서 첫 번째 여행지로 선택하게 되었다.

재미있는 사실은 우리가 이태원을 돌고 난 후에 UV가 '이태원 프리덤'이라는 노래를 부르기 시작했다는 것이다. 그들은 "강남, 너무 사람 많아. 홍대, 사람 많아. 신촌은 뭔가 부족해."라면서 이태원으로 가자고 유혹하고 있었다.

1. 부다스 벨리(Buddha's Belly)

✦✦✦

　　　　누들로드를 시작하기로 결심하고 나서 첫 번째 여행지로 선택한 곳은, 수수한 인테리어에다 외국어를 심심치 않게 들을 수 있는 아담한 레스토랑 〈부다스 벨리Buddha's Belly〉였다.
사진을 담당하는 중고나라 소심녀의 남자친구가 태국에서 3년간 공부했는데, 그의 추천으로 가게 된 태국 음식 전문점이었다. 예전에 잠실에 위치한 어느 태국 음식점에서 똠양꿍을 먹어 봤는데, 맛이 시큼하고 독특했던 것으로 기억한다. 그래서 '내가 잘 먹을 수 있을까?'라는 호기심도 있었고, 괜히 설레기도 했다. 마치 TV에서 방영하는 예능 프로그램에 내가 직접 출연해서 도전해 보는 느낌이었다. 어쩌면 국수여행 자체가 '먹는 언니 TV'에서 방영하는 예능 프로그램의 하나인지도 모르겠다.
첫 번째 방문이라서 긴장한 데다 소기의 목적을 가지고 입장한지라, 왼발과 왼손이 함께 나가면서 걷는 듯한 불안감이 마음속에서 꿈틀대기 시작했다. 평일 점심시간이 지나고 나서 갔기 때문에 식당 안은 조용했다. 게다가 인테리어는 잠실에서 갔던 곳과 비교가 안 될 정도로 썰렁했다. 이태원은 이렇게 자유분방하게 인테리어를 해도 그게 멋으로 통하는 곳인가 보다고 생각하며, 메뉴판에서 면 요리를 찾기 시작했다.

분명 한글로 적혀 있는데 무슨 뜻인지 알아볼 수 없는 메뉴들. 약간의 설명이 보태져 있지만 실제로 먹어 보지 않으면 도저히 맛을 가늠할 수 없는 음식들. 그래서 가장 잘나가는 메뉴라는 **팟시유**와 함께 **꿰이떼오 돔얌**에 도전해 보기로 했다.

팟시유는 중국의 영향을 받은 면 요리라고 한다. 일반적으로 태국 사람들은 피시소스로 음식 간을 맞추는데, 자국에 정착한 중국 사람들이 간장으로 간을 해서 국수를 만드는 것을 보고 응용한 요리가 바로 팟시유이다.[01] 그 결과 한국 사람들의 입맛에 더 친근하게 다가올 수 있었다고 한다. 그래서였을까? 처음 포크를 입에 넣는 순간, 눈이 번쩍 뜨임을 느꼈다. "맛있다!" 담백하면서도 간이 잘 맞고, 계속 손이 가는 음식이었다.

꿰이떼오 돔얌은 '새콤, 매콤, 달콤한 국물의 태국식 쌀국수'라고 소개되어 있었다. 매운맛을 좋아하는 나는 고심 끝에 이 메뉴를 선택했다. 국물의 색이 진해서 얼큰해 보였다. 일전에 먹었던 똠양꿍은 제법 시큼했는데, 이번에는 크게 거슬리는 느낌 없이 국물을 계속 떠 먹을 수 있었다. 번갈아 가면서 팟시유 한 입 먹고 다시 꿰이떼오 돔얌 국물 한 번 떠 먹고.

〈부다스 벨리〉에서는 태국인 셰프가 직접 음식을 만든다고 했다. 인터뷰를 시도해 보았지만, 안타깝게도 우리는 태국어를 모르고 그분은 한국어를 잘 몰랐다. 함께 일하는 분이 통역해 주셨지만, 그분 역시 한국어가 서툴러서 우리가 알아듣기 힘들었다. 우리가 궁금한 것을 질문할 때도, 그분이 한국어를 제대로 알아듣고 셰프에게 통역하고 있는 건지 알 수 없었다. 결국

---

01 출처 《태국 음식에 미치다》, 왕영호·성희수 지음, 랜덤하우스 코리아, 2009.

팟시유 / 담백하고 친근한 맛의 팟시유는 〈부다스 벨리〉의 대표적인 효자 상품이다.

꿰이떼오 돔양 / 얼큰하고 매콤한 국물이 매혹적인 태국식 쌀국수.

우리는 인증 샷만 한 장 남기면서, 셰프를 만났다는 데 의의를 두기로 했다 (그래도 시간을 내주셔서 정말 감사합니다).

식사를 마친 다음, 근처에 있다는 〈르 사이공Le Saigon〉의 위치를 파악할 겸 주변을 둘러보았다. 그러나 주위는 베트남 음식점이 하나도 없었다. 우리가 연신 왔다 갔다 하면서 무언가를 찾고 있으니, 한 식당에서 사장님이 나와서 어딜 찾느냐고 물어보셨다.

"베트남 쌀국수집인데요, '르 사이공'이라고 하는데 혹시 아세요?"

"베트남 쌀국수? 예전에 여기 있었던 것 같은데, 지금은 없어진 모양인데……."

헉, 이럴 수가. 중고나라 소심녀는 맛있다고 소문난 집이 그렇게 허무하게 없어질 리 없다면서, 당장 남자친구에게 전화를 걸어 다시 물어 보았다. 그는 분명 〈부다스 벨리〉 바로 옆에 있다고 재차 설명해 주었지만, 아무리 찾아도 보이지 않았다. 혹시나 하는 마음에 가게로 전화까지 걸어 보았으나 받지 않았다. '정말 망해버린 것일까?'라는 의심을 하면서도, '설마…' 하는 생각이 마음 한편에 남아 있었다.

그냥 돌아가기는 아쉬워 외국 맥주를 생으로 마실 수 있다는 〈앨리 펍Alley Pub〉에 들렀다. 이른 오후였는데도 사람들이 꽤 많았다. 한국인보다는 외국인들이 더 많이 눈에 띄었다. 가게 안쪽에는 당구대가 있었고, 우리는 그 앞쪽에 자리를 잡았다. 한국이면서도 한국이 아닌 것 같은 묘한 기분이 들었다. 가게의 현관문이 마치 나라와 나라를 잇는 경계선인 것 같다고 생각하면서, 우리는 앞으로 펼쳐질 국수여행을 자축하며 시원하게 맥주를 들이켰다. ◆

부다스 벨리(Buddha's Belly)

영업시간 : 11:30~23:30
휴일 : 없음
전화 : 02-796-9330
주소 : 서울시 용산구 이태원동 119-7번지
주차시설 : 없음. 대로변 공영 주차장 이용 가능(30분당 2,000원)

* Pad Thai 9,000원
* Pad See Eew 10,000원
* Kuidieo Kemao 12,000원
* Ladna 12,000원
* Kuidieo Neua 12,000원
* Kuidieo Tom Yam 10,000원

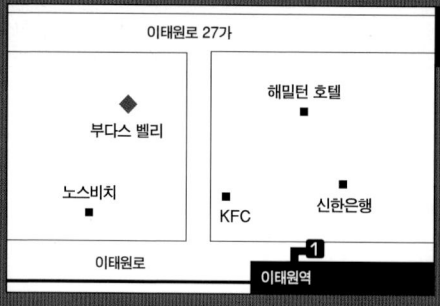

6호선 이태원역 1번 출구로 나와서 직진하지 말고 뒤돌아 해밀턴 호텔 왼쪽 옆 골목으로 들어가면 왼쪽 건물 2층에 위치해 있다.

이태원 편

2. 녹사 라운지(noxa LOUNGE)

✦✦✦

이태원역 근처에서 만난 중고나라 소심녀와 나는 경리단길을 거쳐 〈녹사 라운지noxa LOUNGE〉에 들렀다. 《민희, 파스타에 빠져 이탈리아를 누비다》[01]라는 책을 보면서 나 역시 그곳을 누비고 싶다는 욕망이 부글부글 끓어 올랐었는데, 비슷하게나마 이태원 거리를 누빈다는 생각에 살짝 상쾌한 기분도 들었다.

〈녹사 라운지〉에 가면 뇨끼가 있다. 한국 음식으로 치면 수제비와 비슷한데, 감자를 으깨어 경단 모양으로 만든 파스타이다. 이것이 과연 국수냐 아니냐로 고민하다가, 어찌 됐건 파스타의 일종이니 국수라는 결론을 내렸다. 하지만 '그럼 한국의 수제비는 뭐냐?'라는 의문이 다시 생겨나 버렸다.

파스타의 사전적 정의가 '물과 밀가루를 사용하여 만드는 이탈리아 국수 요리'인 데다, 국수의 사전적 정의는 '밀가루·메밀가루·감자녹말 등을 반죽하여 얇게 밀어서 가늘게 썰든지 국수 틀에서 가늘게 빼낸 것을 삶아 국물에 말거나 비벼 먹는 음식의 총칭'이라고 하니…… 뇨끼는 '국수인 것도 아니고 국수가 아닌 것도 아닌' 애매한 선상에 놓여 있는 음식인 셈이다. 하지만 파스타에는 국수 틀을 사용하지도 않고, 얇게 밀어서 가늘게 썰지도 않은 재미있는 형태의 음식들이 많으므로 파스타 고유의 세계를 인정하

01 이민희 지음, 푸른숲, 2009.

뇨끼 디 마그로 / 유독 감자를 좋아하는 내 입맛을 사로잡은 이탈리아식 수제비.

기로 했다. 하지만 한국의 수제비는 국수에 포함하지 않기로 했다.

이렇게 정체가 불분명한 요리인 **뇨끼 디 마그로**와 평소에 좋아하던 **알리오 올리오 에 빼빼론치노**를 주문했다. 치즈를 품은 뇨끼가 접시에 올망졸망 귀엽게 담겨 나왔고, 깔끔한 차림의 알리오 올리오도 함께 올라왔다. 겨울인데도 따스한 햇살이 통유리로 환하게 들어 오는 테이블에 자리 잡고 맛있는 음식을 먹고 있자니 참으로 행복했다.

나는 어려서부터 감자밭 총각에게 시집보내야겠다는 말을 듣고 자랄 만큼 감자를 너무 좋아했다. 여기 뇨끼는 어린 시절 압력솥에 삶아서 먹던 감자와는 달리 부드럽고 담백했다. 알리오 올리오도 마찬가지로 강한 맛보다는 자극 없는 담백함이 강조됐다. 사실 약간 짭조름한 것이 내 입맛에는 더 맞는데 말이다.

식사를 마치고 밖으로 나와 주변을 둘러보는데, 건너편에 〈부다스 벨리〉가 보였다. 당시 인터뷰를 하면서 경리단길 쪽에 본점이 있다고 들었는데, 그게 여기구나 싶었다. 그런데 그 옆으로 우리가 애타게 찾던 〈르 사이공〉이 보이는 게 아닌가.

유추해 보자면 이렇다. 중고나라 소심녀의 남자친구가 소개해 준 태국 음식점 〈부다스 벨리〉는 이태원점이 아닌 경리단점이었던 것이다. 그런데 이태원에 있는 〈부다스 벨리〉라고 하니까 중고나라 소심녀는 이태원점으로 알아들었고, 당연히 그 옆에는 〈르 사이공〉이 있을 리 없었다. 이유야 어찌 됐든 〈르 사이공〉을 만나서 너무 반가웠다. 대체 왜 전화를 받지 않았는지 궁금해서 다짜고짜 들어가서 물어보기로 했다.

알리오 올리오 에 빼빼론치노 / 깔끔하고 담백한 맛의 파스타를 즐길 수 있다.

"안녕하세요. 혹시 여기 브레이크 타임이 있나요?"
"아니요, 없습니다."
"아……, 전에 전화를 드렸는데 안 받으셔서요."
"죄송합니다. 저희가 너무 바쁘면 전화를 못 받는 경우도 있어요."
결국 그렇게 된 것이다. 어쩌면 타이밍도 그렇게 잘 맞아떨어졌는지…….
그렇게 우리는 세 번째 여행지로 〈르 사이공〉을 택할 수 있었다. ◆

녹사 라운지(noxa LOUNGE)

영업시간 : 12:00~02:00

휴일 : 없음

전화 : 02-790-0776

주소 : 서울시 용산구 이태원동 2동 671번지 경리단길

주차시설 : 없음. 용산구청 주차장 또는 하얏트 호텔 올라가는 길에 있는 공영 주차장 이용 가능

- 뇨끼 디 마그로 15,000원
- 알리오 올리오 에 빼빼로치노 11,000원
- 봉골레 13,000원
- 라 뽐마롤라 11,000원
- 아마트리치아나 11,000원

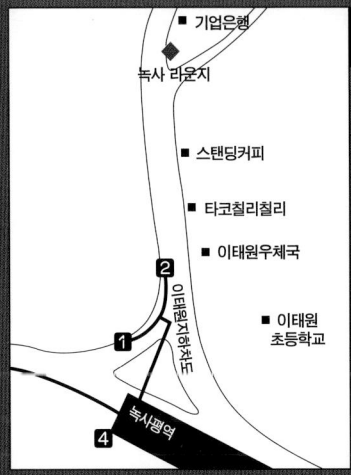

6호선 녹사평역 2번 출구로 나와 직진하다가 지하차도를 통해 길을 건너면 오른편에 〈르 사이공〉과 〈부다스 벨리〉가 보이고, 그 건너편에 〈녹사 라운지〉가 위치해 있다.

3. 르 사이공(Le Saigon)

✦✦✦

우리는 녹사평역에서 바로 만나도 될 것을 굳이 이태원역 앞에서 만나서 경리단길로 걸어갔다. 그러면서 진짜 국수여행 같다고 둘이서 키득거렸다.

중고나라 소심녀는 대학 동기이다. 나를 포함하여 일곱 명의 동기들이 대학을 졸업한 뒤에도 자주 만나오고 있는데, 우리는 스스로를 가리켜 '일곱 여자'라고 부른다. 가끔 나는 "내가 아는 친구 일곱 명 중에서 또라이가 최소 세 명 이상은 된다."라고 이야기하곤 하는데, 중고나라 소심녀도 그중 하나다. 예전에 한번 "너 또라이야."라고 일러준 적이 있는데 기억할는지는 모르겠다.

우리는 이태원역에서 언덕길로 올라가는 동안 골목골목마다 고개를 돌려 무엇이 있나 구경하면서 천천히 걸어갔다. 가는 도중에 사람을 전혀 무서워하지 않는 고양이도 만나고, '국수' 메뉴가 적힌 식당만 보면 눈이 반짝반짝해지는 신기한 현상도 경험해 보면서.

그러다가 어느 골목 입구에 들어섰는데, '완탕'이라는 이름이 적힌 입간판이 "나 여기 있어요!"라고 시위하듯이 벽에 기대어 서 있는 게 아닌가. 호기심에 골목으로 들어가 봤더니, 유리창에 잔뜩 낙서가 되어 있는 자그마한 가게 하나가 보였다. 마침 브레이크 타임이라 아무도 없었고, 우리는 안에 뭐가 있나 싶어 유리창에 코를 박고 들여다보았다. 그때 갑자기 한 남자가 가게 안에서 걸어 나왔다. 우리는 깜짝 놀라 도망치듯 골목을 빠져나왔다. 누군가 쫓아 오면 본능적으로 달아나게 된다더니, 그 말이 사실인 모양이다. 재미있는 낙서들이 많아서 호기심이 잔뜩 생긴 나는 "여기도 가 볼 테야"라고 선언했고, 나중에 다시 약속을 잡아 보기로 했다.

계속해서 슬렁슬렁 걸어가다가 다시 만난 〈르 사이공Le Saigon〉. 나름 우여곡절 끝에 찾아간 곳이라서 기대감도 그만큼 커졌다. "베트남 음식은 역시 쌀국수지!" 하면서 **쌀국수+프레시 스프링 롤 세트**와 **베트남식 비빔국수 양념돼지고기**를 주문했다. 사실 내 입맛은 기본적으로 매운 음식에 맞는 데다가 해산물과 고기를 아주 좋아한다. 늘 다양한 음식을 즐겨 보려 애쓰지만, 결국에는 매운맛 아니면 해산물이나 고기가 들어간 음식이 채택될 확률이 높다. 슬프지만 이번에도 그랬다.

가게는 작은 편이었는데, 건너편에 미군 부대가 있어서인지 미군들도 눈에 들어왔다. 먼저 스프링 롤이 나와서 사이좋게 나눠 먹었다. 함께 나온 소스에 롤을 쿡 찍어 한입 덥석 물었는데, 머리카락이 쭈뼛 설 만큼 강한 맛이 밀려왔다. 소스에서 풍기는 맛이었다. 매콤하면서도 새콤한 것이 강렬하면서도 정말 맛있었다.

내 몫의 접시에는 풍성한 채소 사이로 돼지고기가 살짝 올라와 있었다. 소스가 매콤하진 않지만, 독특한 맛이 제법 잘 어우러졌다. 비빔국수가 맵지 않아도 맛있을 수 있다는 새로운 사실을 알았다. 하긴 비빔국수는 소스

베트남식 비빔국수 양념돼지고기 / 맵지 않으면서도 독특하고 맛있는 비빔국수였다.

쌀국수 / 해장용으로는 쌀국수가 최고라는 말도 있다.

에 비빈 국수인 것이지, 그 소스가 꼭 매워야 한다는 법은 없다.
베트남은 한때 프랑스의 식민지였다. 그런 까닭에 프랑스 문화의 영향을 많이 받았는데, 지금도 베트남에서는 그 흔적들을 어렵지 않게 찾아볼 수 있다고 한다. 실제로 프랑스어를 쓰는 베트남 사람들도 많다. 그들은 지금의 호치민을 옛 이름인 사이공으로 부르기도 하는데, '르 사이공'이라는 가게 이름도 여기에서 유래했다고 한다.
사장님은 열정이 넘치는 젊은 여성분이었는데, 아침에 가게 문을 열고 고기를 재어 두는 시간이 가장 행복하다고 했다. 고향을 떠나 온 외국인들이 많은 탓에 명절에도 거의 쉬지 못하고 문을 연다면서, 감각을 잊지 않기 위해 가끔 베트남으로 떠나기도 한다고 했다.

이야기를 나누는 동안, 사장님은 **베트남식 샌드위치**라면서 하나를 맛보라고 가져다주셨다. 쌀로 만든 바게트 빵 속에 갖가지 내용물을 넣은 맛있는 샌드위치였다. 베트남 사람들은 쌀국수와 더불어 이 빵을 많이 먹는다고 했다. 한국에는 쌀로 만든 바게트 빵이 없기 때문에 일부러 베트남에 주문하여 가급적 비슷한 식감으로 샌드위치를 만들어 판매한다고 했다.

베트남에서는 국수를 정말 많이 먹는데, 그 종류도 굉장히 다양하다. 게다가 프랑스의 영향을 받아 디저트 문화도 상당히 발달해 있다고 한다. 〈르 사이공〉에서 앞으로 그런 다양한 베트남 음식들을 제공할 계획이라니 기대해 보기로 한다. ◆

베트남식 샌드위치 / 쌀로 만든 바게트 빵인 '반미'에 속을 채운 샌드위치이다.

르 사이공(Le Saigon)

영업시간 : 11:00~22:00
휴일 : 없음
전화 : 02-790-0336
주소 : 1호점 서울시 용산구 이태원동 673번지, 2호점 서울시 용산구 이태원 74-33번지
주차시설 : 없음

- 비빔국수 양념돼지고기 8,000원
- 세트A(쌀국수(s)+프레시 스프링 롤 2ps) 10,000원
- 소고기 쌀국수 小 8,000원 / 大 9,500원
- 닭고기 쌀국수 小 7,000원 / 大 9,000원
- 볶음국수 8,000원

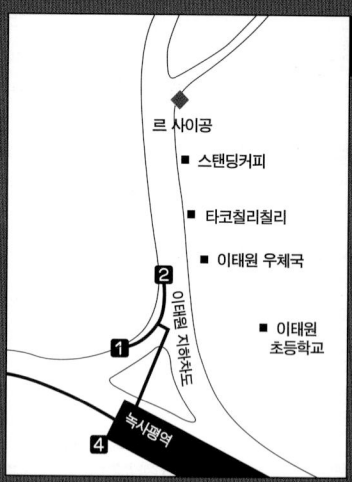

6호선 녹사평역 2번 출구로 나와 직진하다가 지하차도를 통해 길을 건너면 오른편에 〈르 사이공〉이 위치해 있다.

4. 블리스(bLiss)

✦✦✦

　　우리는 〈르 사이공〉 사장님께 괜히 친한 척하면서, 맛있는 국수를 맛볼 수 있는 곳을 추천해 달라고 부탁했다. 그러자 바로 건너편에 있는 〈녹사 라운지〉와 이태원역 근처에 있는 〈블리스bLiss〉를 추천해 주셨다. 〈녹사 라운지〉는 이미 다녀왔으니, 다시 이태원역으로 되돌아가 〈블리스〉에 가 보기로 했다.

사실 〈블리스〉는 다이닝 바이기 때문에 낮보다는 저녁에 가는 것이 더 어울린다. 그래서였을까? 이른 오후에 방문한 〈블리스〉는 둘이서 파스타만 먹기에는 내부 조명이 어두워 살짝 부담스러웠다. 마침 날씨가 많이 풀리기도 해서 밖에 있는 테라스에서 식사를 하기로 했다.

테이블 옆에는 추위를 느끼지 않도록 온풍기가 구비되어 있었고, 무릎담요를 주는 센스도 보였다. 다만 직원들이 전부 가게 안에 있어서 주문하기가 곤란하다는 점이 아쉬웠다. "여기요!", "저기요!"라고 아무리 불러도 들리지 않는 것 같았다. 결국에는 중고나라 소심녀가 화장실을 다녀오는 길에 부르겠다면서 일어섰다. 화장실도 참 나이스 타임에 가신다고나 할까.

여기서 잠깐 다이닝 바에 대해 설명하자면, 한마디로 다양한 형태의 먹기가 실현되는 곳이라 할 수 있다. 바와 테이블이 있어서 그냥 식사만 할 수도 있

알리오 올리오 파스타 / 좋아하는 파스타의 유혹은 항상 매우 강렬하다.

고 칵테일이나 맥주를 곁들여 먹어도 되고 술만 마셔도 되는, 그야말로 원하는 방식대로 먹을 수 있는 자유가 주어지는 곳이 바로 다이닝 바이다.

여기서도 내가 좋아하는 **알리오 올리오 파스타**와 함께 뜨거운 뚝배기에 파스타가 담겨 나온다는 **페스카토레**를 주문했다. 페스카토레는 이탈리아어로 '어부'라는 뜻으로, 해산물이 잔뜩 들어 있는 파스타를 가리킨다. 직접 가 보지는 못했지만, 활어 코스요리를 먹을 수 있는 '어부 박씨'라는 가게가 갑자기 떠올랐다. 버스를 타고 지나가다가 보면서, 이름 한번 정감 있게 잘 지었다고 생각했던 곳이기 때문이다.

루꼴라라는 채소가 듬뿍 얹어진 알리오 올리오 파스타는 스포이드에 담긴 올리브 오일을 쭉 짜서 뿌려 먹게 되어 있었다. 이어서 페스카토레가 그야말로 펄펄 끓는 뚝배기 안에서 보글보글거리며 등장했다.

마늘과 올리브유가 포인트인 알리오 올리오 파스타는 그냥 먹어도 맛있지

페스카토레 / 뚝배기에 나오는 뜨거운 파스타도 제법 맛있었다.

만 루꼴라를 곁들여 먹으니 더욱 좋았다. 페스카토레는 토마토 건더기가 듬성듬성 보이는 먹음직스러운 소스에 홍합, 오징어, 조개, 새우 등이 들어 있었는데, 뜨거운 알갱이가 뽀드득뽀드득 씹히는 게 묘한 재미를 주었다. 왠지 밥을 비벼 먹어도 될 법했다.

3월인데도 아직 겨울 점퍼를 입고 있던 우리는 〈블리스〉의 야외 테라스에서 맛있는 식사를 하며 봄의 기운을 살짝 느껴 볼 수 있었다. 그래도 봄은 오는 거다, 이렇게. ◆

블리스(bLiss)

영업시간 : 12:00~02:00 / 주말 12:00~04:00

브레이크 타임 : 15:00~17:00

휴일 : 월요일 낮에 쉼(저녁 6시에 오픈)

전화 : 02-798-1125

주소 : 서울시 용산구 이태원1동 119-7번지

주차시설 : 없음. 이태원 호텔 주차장 이용 가능(유료)

˙알리오 올리오 파스타 14,000원   ˙올리오 디 마레 17,000원

˙페스카토레 18,000원   ˙뚜또베네 17,000원

˙봉골레 프레스카 16,000원

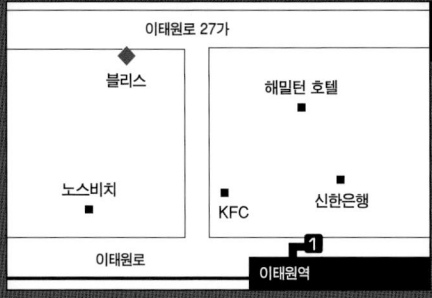

6호선 이태원역 1번 출구로 나와 직진하지 말고 뒤돌아 해밀턴 호텔 왼쪽 옆 골목으로 들어가면 왼쪽 건물 1층에 위치해 있다.

5. 완탕

✦✦✦

〈완탕〉은 이태원역에서 경리단길로 가는 언덕의 작은 골목에 있다. 통유리 가득 자유분방한 느낌의 낙서로 덮여 있어서, '이건 분명 젊은 청년들이 하는 가게일 것이다'라고 짐작하게 만드는 곳이다. 하지만 예상했던 것처럼 사장님이 20대는 아니었다.
오래전 선교사들이 함께 숙식하면서 지내던 집을 개조했다는 이곳은, 문을 열고 들어가면 나오는 1층이 모두 주방으로 이루어져 있다. 공간이 작기 때문에 그게 가능하다. 그리고 나선형 구조로 돌아가면 화장실이 자리 잡고 있으며, 2층과 3층이 이어진다. 그 옆으로는 나름대로 옥상도 갖춰져 있다. 날씨가 따뜻할 때는 그곳에도 테이블을 갖다 놓는다고 했다.

마침 브레이크 타임이라 아무도 없는 내부를 살펴보고 있는 먹는 언니.

이런 미로 같은 구조가 재미있어서 선택했다는 〈완탕〉의 사장님, 홍콩을 자주 드나들면서 완탕면을 즐겨 먹던 것이 계기가 되어 가게까지 차렸다고 한다. 한국에도 분명 완탕면을 그리워하는 사람들이 존재할 것이라고 생각했다는 설명이다.

직원들도 굉장히 친절했는데, 처음에는 사장님이 직접 서빙한다고 생각했을 정도다. 주문을 받은 뒤에는 2층의 작은 쪽문을 열어 전달하고, 다시 그쪽으로 음식을 받아 서빙을 했다. 한쪽에는 설거지를 할 수 있는 작은 공간도 마련되어 있었다.

테이블 위에는 만화책이 기다리고 있었다. 최신판은 아니지만, 기다리는 동안 짬을 이용해서 읽어 봐도 좋을 성 싶었다. 하나의 인테리어 소품처럼 그 자리에 있는 것이 제법 잘 어울렸다. 어쩌면 그 만화책들의 존재 이유는 정말로 인테리어 때문일지도 모르겠다.

에그 완탕면 / 가는 면발에 계란을 섞은 것으로, 담백하고 시원하다.

한국에는 완탕면 전문점이 흔하지 않다. 나 역시도 완탕면을 먹는 것은 처음이었다. 완탕은 중국식 만두를 가리키는데, 완탕면은 완탕이 함께 나오는 면 요리이다. 우리나라로 치면 만두 칼국수쯤 되겠다.

〈완탕〉은 홍콩식 완탕면을 제공하는 곳으로, 메뉴로는 **에그 완탕면**과 **라이스 완탕면**이 있다. 에그 완탕면은 면에 계란을 섞은 것으로, 면발이 가늘다. 라이스 완탕면은 면을 쌀로 만든 것으로, 면발이 납작하고 굵은 것이 특징이다.

나는 에그 완탕면을 먹었는데, 국물이 시원하고 담백해서 해장용으로도 괜찮겠다는 생각이 들었다. 미리 안내문에 적어 둔 것처럼, 테이블에 놓여 있는 소스는 조금만 넣어도 꽤 매워졌다. 그러니 크게 한 스푼 가득 넣는 용기는 내지 않는 것이 좋겠다. 나도 매운 음식에 강하다고 생각하는 편인데……. 소심한 A형인지라 시키는 대로 조금 넣었기에 망정이었다. 이럴 땐 소심한 A형인 게 다행이다 싶기도 했다.

완탕면에 들어가는 새우는 탱글탱글하니 맛있었고, 어묵도 쫄깃쫄깃해서 씹는 맛이 제법이었다. 사실 나는 길거리표 오뎅을 잘 먹지 않는데, 그 이유는 물컹물컹해서이다. 가끔 부산에 가면 일곱 여자와 같이 사 먹는 '환공어묵'은 쫄깃쫄깃하고 탱탱해서 좋아하는데, 완탕면의 어묵도 그와 비슷하게 식감이 좋았다.

사실 맛집을 규정하는 기준은 사람마다 다르다. '맛집'이라는 낱말 자체가 '맛'을 강조하는 것이긴 하지만, '추천할 만한 음식점'이라는 뜻으로 해석해 보면 그 기준이 반드시 '맛'에만 있는 것은 아니다. 추천 요소로는 맛뿐

라이스 완탕면 / 쌀로 만든 굵은 면발이 부드럽다.

만 아니라 인테리어, 콘셉트, 직원들의 친절도, 위치, 주차시설 유무, 영업시간, 가격 등이 고려될 수 있다. 따라서 맛이 살짝 기대에 못 미쳐도 다른 요소가 훌륭하다면, 추천할 만한 음식점이라는 의미에서 '맛집'이라고 불러도 손색이 없을 것이다. 물론 그렇다 하더라도 맛이 기본 이상은 되어야 하는 게 사실이다.

〈완탕〉의 경우에는 여러 가지 추천 요소를 덧붙일 수 있다. 독특한 아이템과 맛, 재미있는 콘셉트, 직원들의 친절도가 그것이다. 그래서 만일 나에게 강렬한 인상을 준 이태원 맛집을 알려 달라고 한다면, 아마도 이곳을 추천할 것이다. ◆

완탕

영업시간 : 11:00~21:00

브레이크 타임 : 15:00~17:00

휴일 : 일요일

전화 : 070-7680-8088

주소 : 서울시 용산구 이태원동 57-25번지

주차시설 : 없음

* 에그 완탕면 7,500원
* 라이스 완탕면 7,500원
* 일품 수제만두 7pcs 6,000원 / 14pcs 9,000원
* 수제 만두국 5,500원

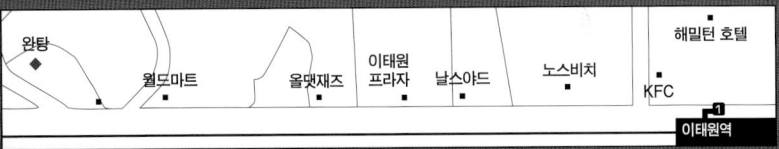

이태원역 1번 출구로 나와 뒤돌아서 경리단길 방향으로 350m 정도 직진하면 오른쪽에 오르막길이 있다. 그 오르막길의 작은 골목 안에 있다.

6. 스파이스 테이블(SPICE TABLE)

✦✦✦

아시아 퓨전음식을 맛볼 수 있는 〈스파이스 테이블SPICE TABLE〉은 높은 천장과 뻥 뚫린 테라스가 일품인 레스토랑이다. 어느 잡지에 '테라스가 예쁜 레스토랑'으로 소개된 적도 있다고 하니, 테라스를 즐길 수 있는 봄이나 가을에 가 보면 좋을 것 같다. 연인과의 데이트라면 역시 테라스가 좋겠지만, 모임이 있다면 2층으로 올라가 보는 것도 좋다. 2층에는 두 팀 정도 모임을 할 수 있도록 칸막이가 나누어져 있고, 옷을 넣을 수 있는 공간도 마련되어 있다.

그동안 누들로딩하던 곳과는 달리 레스토랑 분위기가 물씬 나는 곳이라서 뭔가 여행지답지 않다는 생각도 들었다. 하지만 이런들 어떻고 저런들 어떠랴, 여행자가 시장통으로 갈 수도 있고 고급 레스토랑에 갈 수도 있는 거지. 가격 면에서는 〈부다스 벨리〉보다도 착했다.

우리는 '아시아 퓨전음식'이라는 가게의 콘셉트에서 벗어나서 파스타를 선택했다. 메뉴에는 쌀국수 등도 있었지만, 이미 〈르 사이공〉에서 맛있게 먹었기 때문이다. 그래서 이번에는 다른 여행지인 〈녹사 라운지〉와도 겹치지 않는 새로운 파스타를 먹어 보기로 했다.

우리가 고른 것은 **해산물 상하이 파스타**와 **새우 로제 파스타**였다. 해산물 상하이 파스타의 경우에는 고추기름이 들어간 매콤한 맛의 중국풍 파스

새우 로제 파스타 / 장밋빛의 걸쭉한 소스에 새우가 듬뿍 담긴 독특한 파스타.

타이기 때문에 아시아 퓨전음식이라고 할 수도 있겠다. 로제 파스타란 말 그대로 로제소스가 들어간 파스타를 말한다. 로제(Rose)는 장미를 뜻하는 로즈(rose)의 이탈리아식 표기이다. 로제소스는 장미꽃과 같은 핑크빛의 소스로, 토마토소스와 크림소스를 혼합해서 만든다. 그러니까 새우 로제 파스타는 새우를 넣고 로제소스로 맛을 낸 파스타가 되겠다.

해산물 상하이 파스타를 먹어 보고 나서야, 비로소 내가 걸쭉한 소스의 파스타보다는 깔끔한 소스의 파스타를 좋아한다는 사실을 깨달았다. 너무 늦게 깨달아 버린 감이 없지 않지만 말이다. 사실 나는 뭐든 진정으로 깨닫는 속도가 좀 느린 편이다. 이 사실을 친구에게 이야기한 적이 있는데, 그때 친구는 나에게 이렇게 대답했다. "그걸 이제야 알았어? 그 사실을 깨닫는 것도 느리네."

해산물도 좋아하고 매콤한 맛도 좋아하는 내 입맛에 해산물 상하이 파스타는 그야말로 '딱'이었다. 정말 정신을 놓을 정도로 맛있게 먹었다. 반면 새우 로제 파스타는 걸쭉한 느낌도 그렇지만 색깔마저 내 취향이 아니었다. 이렇게 말하면 좀 웃기지만, 내 입장에서는 사진만 봐서는 주문할 확률이 떨어지는 음식이라고 할까. 그런 측면에서 보면, 나는 푸드 모험가는 아닌 게 확실하다. 실제로 먹어 보면 맛이 좋을 수도 있는데, 처음부터 까다롭게 구는 바람에 더 많은 경험을 할 수 있는 기회를 놓치고 있는지도 모른다. 하지만 걸쭉한 소스가 밴 새우를 건져 먹는 파스타도 나쁘지 않았다. 중고나라 소심녀는 그게 더 맛있다고 이야기했다. 뭐, 각자의 입맛은 다른 거니

해산물 상하이 파스타 / 좋아하는 해산물에다 매콤한 맛까지 더해져 완전 내 취향이었던 파스타.

까. 정말로 음식의 맛은 '절대적이면서도 상대적인' 것이다. 일부러 맛없게 혹은 대충 만든 게 아니고서야, 만장일치로 '이건 맛없다'라고 규정할 수 있는 음식이 이 세상에 있을까?

그나저나 누들로드는 정말로 위대(胃大)한 여정임에는 틀림없었다. 우리는 내친 김에 〈스파이스 테이블〉의 강력 추천 메뉴라고 하는 **단호박 피자**도 먹어 보기로 했다. 얇은 도우 위에 치즈와 아삭아삭한 단호박 토핑이 얹어져 있었다. 가격도 파스타보다 착한 편이라 사이드 메뉴로 먹기에 안성맞춤이었다.

우리는 그렇게 위대한 식사를 마친 뒤, 그냥 돌아가기에는 도저히 양심에 찔려서 한참을 걷다가 헤어졌다. 조금만 먹어야 하는데, 그러기에는 세상은 넓고 맛있는 음식은 너무 많다. ◆

단호박 피자 / 단호박과 피자가 어울릴 수도 있다는 사실을 깨닫게 한 음식.

스파이스 테이블(SPICE TABLE)

영업시간 : 11:30~21:00

브레이크 타임 : 15:00~16:00

휴일 : 없음

전화 : 02-796-0509

주소 : 서울 용산구 이태원동 123-1번지

주차시설 : 없음. 바로 옆에 있는 유료 주차장 이용

* 해산물 상하이 파스타 15,000원
* 새우 로제 파스타 14,000원
* 블랙빈 해산물 볶음면 15,000원
* 매운 해물쌀국수+스프링 롤 15,000원
* 단호박 피자 8,000원

이태원역 2번 출구로 나와 직진, 〈크라제버거〉를 지나서 골목 안으로 들어가면 왼쪽 건물 2층에 〈스파이스 테이블〉이 보인다.

✦✦✦

홍대입구 편

하카다분코(博多文庫)

청키면가(忠記麵家)

원당 국수 잘하는 집

이름 없는 칼국수집

수안라(Suanla)

온 더 식스(On the 6)

찬바람 불던 겨울이 서서히 뒤로 물러나고 있을 무렵이었다. 차가운 얼음꽃은 어느새 따스한 햇살로 바뀌어가고 있었다. 이런 날에는 젊음을 만끽할 수 있는 곳으로 가야 한다. 그래서 고른 지역이 바로 홍대입구였다. 실제 홍대와 가까운 곳부터 학교가 보이지도 않는 성산동까지 포함했다. 우리는 그 일대를 통틀어서 홍대입구 편으로 묶어 보았다.
이즈음부터 우리는 트위터로 '불친절한 번개'를 치기 시작했다. 우리는 대부분 사람들이 별로 없는 점심시간 이전이나 이후에 누들로딩을 했는데, 직장인들은 절대로 참여할 수 없는 시간이었기 때문에 '불친절한 번개'라고 이름 붙였다.
예상대로 번개를 여러 번 쳤음에도 정작 성사된 건 단 세 번뿐이었다. 그중에서도 소개할 만한 곳은 두 군데밖에 없어서, 그나마도 한 건은 빼야 했다. 하지만 새롭게 만난 사람들과 재미있는 이야기를 나누고, 다양한 음식을 맛볼 수 있는 시간이었다.

1. 하카다분코(博多文庫)

✦✦✦

내가 평소에 가장 많이 먹는 면 요리는 뭘까? 그것은 바로……, 라면! 두둥. 비록 인스턴트 음식이지만 어려서부터 줄기차게 먹어 온 것이 이 라면이다. 나중에는 먹어 보지 못한 종류가 없을 만큼 의식적으로 라면을 먹는 지경에까지 이르렀다.

물론 육수를 직접 끓이고 면을 삶아서 만드는 일본의 라멘은 마트에서 파는 인스턴트 라면과는 절대적으로 질이 다르다. 홍대입구를 여행하기로 하면서 첫 번째로 선택한 곳도 바로 〈하카다분코博多文庫〉라는 라멘집이었다. 이 가게는 극동방송국 옆에 있는 작은 골목에 위치해 있는데, 인기가 많아서 항상 줄이 길게 늘어서 있는 곳으로도 유명하다. 한참 피크일 때는 무려 1시간 30분가량을 기다렸다가 먹는 사람도 있었다고 하니, 그저 놀라울 뿐이다. 나한테 30분 이상 기다리라고 했다면, '아쉽지만 어쩔 수 없어'라면서 뒤돌아 갔을 텐데. 음식에 대한 나의 열정은 고작 30분이 한계인 걸까? 잠시 고민해 본다.

이번 누들로드는 일곱 여자 멤버 가운데 하나로 홍대 대학원을 다니고 있는 '왜냐하면 허당녀'와 함께했다. 우리가 도착했을 무렵에는 다행히 가게 밖으로 길게 줄이 늘어서 있지는 않았다. 브레이크 타임인 5시를 갓 넘긴 시간이었기 때문이다. 그런데도 가게 안은 이미 꽉 차서 입구 바로 앞에 있는 자리밖에 남아 있지 않았다. 우리는 그래도 이게 어디냐며 주섬주섬 앉은 뒤 모든 메뉴를 시켜 보기로 했다.

이곳에는 메뉴가 딱 세 개뿐이다. **인라멘**, **청라멘** 그리고 **차슈덮밥**. 인라멘은 돼지 뼈로 우려낸 진한 육수가 특징인 돈코츠라멘이다. 육수의 진한 맛이 머릿속에 도장을 찍듯 각인된다는 의미로 도장 '인(印)'자를 써서 인라멘이라 이름 지었다고 한다. 갑자기 가수 현철의 노래 〈사랑의 이름표〉가 떠올랐다. "이름표를 붙여 내 가슴에 확실한 사랑의 도장을 찍어……." 재미있는 네이밍이다.

고기류를 좋아하는 나에게는 탁월한 맛이었다. 라멘도 좋고 차슈도 맛있는데, 거기다 진한 돼지 뼈 육수라니! 완전히 나를 위한 음식이었다.

청라멘은 그보다 더 맑은 국물이 포인트로, 20~30퍼센트 정도는 닭 육수를 섞는다고 한다. 돼지고기를 별로 좋아하지 않는 중고나라 소심녀는 청라멘이 훨씬 좋았다고 했다. 〈하카다분코〉에서는 돼지 육수를 좋아하지 않는 사람들을 위해서 마늘도 구비하고 있었다. 껍질을 벗겨 놓은 마늘을 직접 다져 넣을 수 있는 갈릭 프레스도 있으니, 원하는 만큼 넣으면 된다.

왜냐하면 허당녀는 밥을 먹어야겠다며 차슈덮밥을 골랐다. 한 입 얻어먹어 봤는데, 밥은 간장소스로 양념이 되어 있고 생강과 양파 맛이 섞여 있었다. 맛은 독특한 편이었는데, 그럼에도 나는 인라멘이 더 맛있었다. 아, 이런 육식주의자 같으니라고…….

2004년 10월에 오픈한 〈하카다분코〉는 돈코츠 계열의 라멘을 우리나라에서 처음 선보인 곳이라고 한다. 일본에서 고등학교를 나온 한국인 이사님

차슈덮밥 / 생강과 양파 맛이 섞여있는 차슈덮밥의 맛은 독특했다.

청라멘 / 닭 육수를 약간 섞으면서 좀 더 담백해진 청라멘.

과 한국에서 근무한 경험이 있는 일본인 사장님은, 맛있는 라멘이 먹고 싶어서 처음 가게를 열게 되었다고 한다. 특히나 뼈와 관련된 음식에 관심이 많았던 터라 자연스럽게 돈코츠라멘으로 메뉴를 정했다고.

사실 미소라멘이나 소유라멘도 생각해 보지 않은 건 아니란다. 하지만 그렇게 되면 직접 간장이나 된장을 만들려고 했을 게 뻔해서 시간이 훨씬 더 많이 걸렸을 것이라고 한다. 이런 열정 덕분에 육수를 끓이고 면을 뽑는 공장까지 따로 두었다. 육수의 경우에는 하루 정도 피를 빼고 48시간 이상 끓여서 맛을 낸다고 한다. 최종 목표는 식재료를 직접 생산하는 것으로, 축산업과 농업까지 겸해 보고 싶다는 바람이다. 대단히 멋진 목표다.

그러한 목표를 향해 가는 중간 단계로 라멘을 일본으로 역수출하거나 뼈를 이용해서 만드는 음식(설렁탕, 갈비탕, 곰탕 등)으로 영역을 넓히고 싶다는 포부도 비쳤다. 그 첫 번째 프로젝트라고 할 수 있는 것이 바로 '한성문고'이다.[01] 여기서 문고란 책을 파는 곳이라는 의미가 아니라, 문화를 뜻하는 '문(文)'에 창고를 뜻하는 '고(庫)'자를 쓴다. 말하자면 '서울의 문화공간' 쯤이 되겠다. 마찬가지로 '하카다분코'도 하카다 지역의 문고라는 뜻이니, 하카다 지역의 문화공간이라는 뜻으로 보면 된다.

01 뒤늦게 한성문고에 방문해서 '서울라면'을 먹어 보았다. 한국의 칼국수를 뽑아 놨있지빈 맛은 칼국수와 달랐다. 기존의 라멘 맛도 아니고 칼국수 맛도 아니고…… 설명하기 어려우니 직접 맛을 보시길.

〈한성문고〉에서는 인라멘은 물론이고 '만약에 서울에도 라멘이 있었다면……'이라는 가정에서 만들어 낸 서울식 라멘을 선보인다고 한다. 우리가 갔을 당시만 해도 홍대입구 쪽에서 매장을 오픈할 예정이라는 안내문이 가게에 걸려 있었는데, 최근에는 신사동 가로수점까지 오픈했다.

〈하카다분코〉에서는 〈한성문고〉를 프랜차이즈 형식으로 운영하기보다도 직접 살을 부대끼며 함께한 직원들에게 직영점 형태로 운영을 맡기는 방식으로 확대하고 싶어 했다. 나는 확실히 이런 방식을 더 좋아한다. 앞으로 음식점들은 '프랜차이즈VS직영점 시스템'이라는 두 가지 형태로 점점 더 갈릴 것으로 생각한다. 어느 쪽이든 확실한 브랜딩이 중요하다. 계속 초심을 잃지 않고 하카다의 문화와 서울의 문화를 만들어 나가길 바란다. ◆

하카다분코(博多文庫)

영업시간 : 12:00부터 재료 떨어질 때까지

브레이크 타임 : 14:00~17:00

휴일 : 명절

전화 : 02-338-5536

주소 : 서울시 마포구 상수동 93-28번지

주차시설 : 없음. 근처에 있는 할리스 커피 전문점 앞에 유료 주차 가능

* 인라멘 7,000원
* 청라멘 7,000원
* 챠슈덮밥 6,000원
* 공기밥/사리 1,000원

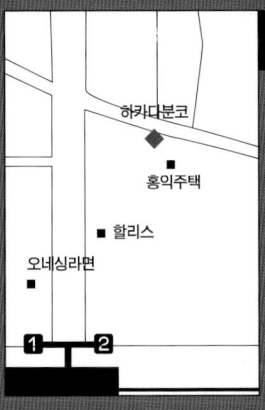

상수역 2번 출구로 나와 직진하다가 극동방송국으로 가기 전 바로 옆에 있는 작은 골목으로 조금만 들어가면 〈하카다분코〉가 나온다.

2. 청키면가(忠記麵家)

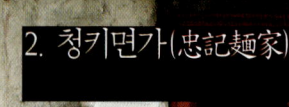

✦✦✦

정통 홍콩식 완탕면의 브랜드가 한국에 들어 왔다는 이야기를 듣고 냉큼 홍대로 달려가 보았다. 이태원의 〈완탕〉이 한국식으로 바꾼 완탕면 전문점이라면, 〈청키면가忠記麵家〉에서는 주 식재료를 홍콩에서 직접 공수해 와서 요리하는 정통 홍콩식 완탕면을 선보인다. 오픈한 지 얼마 되지도 않은 시점에 발견하고 방문했는데도, 이미 블로거들 사이에서는 유명해져서 줄을 서서 기다려야 했다.

식당 내부에는 테이블이 촘촘하게 들어서 있었다. 테이블 크기도 작은 편이라, 간혹 음식이 넘치는 효과 아닌 효과를 볼 수도 있겠다 싶었다. 조금 더 컸어도 좋았겠다는 생각이 들었다. 홍콩 스타일은 원래 그런가? 주방도 왠지 홍콩스러운 분위기였는데, 아직 홍콩에 가 보지 못한 나로서는 어쩐지 영화에서 많이 본 것 같다고 생각해 볼 따름이었다. 어렸을 때 환장하고 보던 〈영웅본색〉, 〈천녀유혼〉, 〈공작왕〉 같은 홍콩영화가 파노라마처럼 지나갔다. 그런데 영화 제목을 열거해 놓고 보니 정작 영화 속에서 홍콩 식당의 모습은 볼 수 없었던 것 같기도 하고……

〈청키면가〉에서 특히 마음에 든 것은 음식의 양을 조절할 수 있다는 점으로, 소짜와 대짜 중에서 하나를 고를 수 있었다. 우리가 주문한 것은 〈청키

새우 완탕면 / 부드러운 에그 누들과 뽀득뽀득한 새우 완탕의 조화가 돋보인다.

면가〉의 대표 메뉴라는 **새우 완탕면**과 **소고기 로미엔**, 그리고 **초이삼 데침과 굴소스**였다. 로미엔에 대해서는 메뉴판에 설명이 적혀 있었는데, 우리말로 직역하기에는 좀 애매한 단어이다. 한자를 풀이하면 '휘저어 먹는 국수'라는 뜻이 되는데, 홍콩의 완탕면 전문점에서는 일반적으로 '국물이 없는 국수'라는 의미로 사용된다고 한다. 과연 우리말로 표현하기에는 좀 어려운 것 같다.

새우 완탕면은 말 그대로 새우 완탕이 들어 있는 면 요리이다. 면발은 계란으로 만든 에그 누들이었다. 모양만으로는 '둥지냉면'이 떠올랐는데, 정말 새 둥지 같아 보였지만 생각보다 부드러운 식감이었다. 새우 완탕 역시 뽀득뽀득하니 맛있었다.

소짜는 생각보다 양이 적었다. 그릇이 작아서 슬프다기보다는 귀엽다는 인상이 먼저 들었고, 두 번째로는 이 정도 양이면 여러 종류를 먹을 수 있어서 좋겠다는 생각도 들었다. 조금씩 다양하게 맛볼 수 있는 걸 즐긴다면, 둘이 가서 세 개쯤 시켜 먹는 편이 더 즐거울 수 있다. 물론 많이 먹는다고 째려본다면 할 말은 없지만 말이다.

소고기 로미엔의 경우에는 양을 따로 조절할 수 없었다. 국물 없이 면이 나오고 그 위에 소고기가 토핑되어 있었는데, 소고기에 묻어 있는 양념으로 면을 휘저어 먹으면 되는 것 같았다. '소고기도 이럴 수 있나?' 싶을 만큼 무척 쫀득쫀득해서 마치 콜라겐 덩어리를 씹는 기분이었다. 나는 이런 맛을 즐기는 편이기에, 생소하긴 했지만 맛있게 먹을 수 있었다. 하지만 육식을 좋아하지 않는 중고나라 소심녀에게는 조금 무리인 것 같았다.

소고기 로미엔 / 쫀득쫀득 씹히는 소고기의 맛이 무척 인상적이다.

반 이상 넘어가면서는 조금 느끼해져서 함께 시킨 초이삼 데침과 굴소스를 곁들여 먹었는데, 이렇게 주문하길 참 잘했다는 생각이 들었다. 초이삼은 홍콩인들이 즐겨 먹는 채소라고 했다. 이름부터 처음 들어 보는 채소인지라 한번 주문해 봤는데, 크게 독특한 점은 찾을 수 없었다. 그래도 경험 삼아 한 접시 곁들여 먹어도 좋을 듯했다.
한참을 먹고 있는데, 중고나라 소심녀가 귀엣말로 속삭였다.

"저기 이태원 〈완탕〉에서 인터뷰한 분 계셔."

"확실해?"

"응."

우리는 돌아다니다가 몇 군데에서는 인터뷰를 요청하기도했는데, 그중 한 곳이 바로 이태원의 〈완탕〉이었다. 아마도 그분이 〈청키면가〉에 시장조사를 하러 나오신 듯했다. 안면인식장애가 있는 나와는 달리 중고나라 소심녀는 금방 알아봤던 것이다. 하지만 내가 생각하기에는 같은 메뉴라도 콘셉트가 달라서 서로 견제하지 않아도 될 것 같다. ◆

초이삼 데침과 굴소스 / 음식이 느끼할 때는 산뜻한 채소를 곁들여 먹어도 좋다.

청키면가(忠記麵家)

영업시간 : 11:30~21:00
브레이크 타임 : 15:00~17:00
휴일 : 매주 월요일
전화 : 02-322-3913
주소 : 서울시 마포구 서교동 364-1번지 1층
주차시설 : 없음. 근처 상상노래방 앞 공영 주차장 이용 가능

* 새우 완탕면 小 5,500원 / 大 8,500원
* 소고기 로미엔 9,500원
* 수교면 小 5,500원 / 大 8,500원
* 소고기 완탕면 9,500원
* 초이삼 데침과 굴소스 小 3,000원 / 大 5,000원

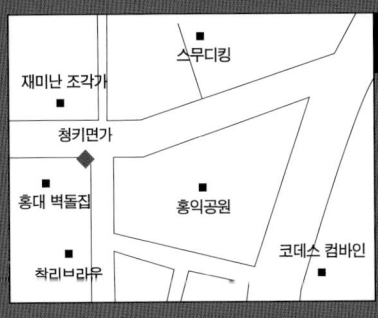

홍대 정문 쪽에서 홍익공원(놀이터)을 지나면 바로 코너에 〈청키면가〉가 위치해 있다.

3. 원당 국수 잘하는 집

✦✦✦

　　내가 운영하는 트위터에 국수여행을 다니면서 올린 사진이 제법 쌓이자, 번개를 해보라는 의견을 주는 사람들이 많았다. 여기에 힘을 얻어 우리는 '불친절한 번개'를 쳐 보기로 했다. 친절해도 모자랄 판에 웬 불친절이냐고 생각할지도 모르지만, 우리의 국수여행에서 기본 모토는 '일단 복잡한 점심시간이나 저녁시간은 피하고 본다'였다. 어쩔 수 없는 경우도 있긴 하지만, 어쨌든 기본 룰이 이렇다 보니 번개는 늘 애매한 시간대인 11시 30분이나 2시로 잡아야 했다. 그러다 보니 직장인들은 결코 참석할 수 없기에 결과적으로 불친절한 수밖에 없었다.

그럼에도 불구하고 친히 나와 주신 위대한 분들도 계시나니……. 그 첫 번째 번개가 바로 〈원당 국수 잘하는 집(줄여서 원당 국수)〉에서 성립되었다. 우리는 〈원당 국수〉의 비빔국수가 그렇게 맛있다면서 강력 추천하는 그 지역 주변 분들의 뜻을 어길 수 없어 그곳을 상대로 '불친절한 번개'를 쳤다. 그들은 자기네 동네니까 슬렁슬렁 나왔지만, 우리는 망원역과 합정역 중간쯤에 있는 〈원당 국수〉의 애매한 위치 때문에 마을버스를 타고 동네로 진입해야 했다. 어쨌든 맛있다니까 용서가 되는 시추에이션이라고나 할까?

나는 시간을 넉넉하게 잡고 출발했기 때문에 가장 먼저 도착했다. 기다리

비빔국수 / 군침이 도는 붉은 빛깔에 비해 생각보다 크게 맵진 않다.

는 동안 쭉 둘러보니, 붐비는 점심시간대가 아닌데도 계속 손님이 들락날락했다. '정말 맛있는 집인가 보다……'라고 생각하고 있을 즈음 일행들이 하나둘씩 모이기 시작했다.

이렇게 모인 사람은 나와 중고나라 소심녀를 포함해서 네 명이었다. 나의 선택은 당연히 **비빔국수**였다. 비빔국수가 맛있다고 하니 다른 선택의 여지가 없었다. 중고나라 소심녀는 **모밀 비빔**을, 다른 분들은 비빔국수와 **잔치국수**를 시켰다. 사족을 하나 달자면, 모밀은 메밀의 잘못된 표현인데 아직도 많이 통용되고 있는 것 같아 아쉽다.

비빔국수는 색깔부터 엄청나게 먹음직스러워서 먹기 전부터 침이 뚝뚝 떨어질 지경이었다. 참고로 이곳에서는 전북 부안에서 농사지은 고춧가루를 사용한다고 하니, 일단 믿어 보기로 했다. 큰 기대를 갖고 한 젓가락을 먹는 순간, 매운맛 마니아 특유의 아쉬움이 확 끼쳤다. 분명히 맛은 있었다. 그런데 맵지는 않았다. 번개에 오신 분은 맵다고 쓰읍 쓰읍 거리며 드셨는데…….

그러고 있자니 내가 매운 국수를 먹으러 온 건지 아니면 비빔국수를 먹으러 온 건지 헷갈리기 시작했다. 이태원의 베트남 음식 전문점 〈르 사이공〉에서도 비빔국수의 소스가 매운 건 아니었지만 맛만 좋았잖은가! 그렇게 생각하자 마음이 평온해 지면서 입맛이 되살아났다. 하지만 안심하시라. 매운맛 마니아가 아니라면 결코 섭섭진 않을 터이니.

모밀 비빔 / 묵직한 메밀과 매콤한 소스를 함께 맛볼 수 있다.

잔치국수 / 저렴한 가격에 맛도 양도 만족할만한 수준이다.

중고나라 소심녀가 주문한 모밀 비빔은 1,000원이 더 비쌌다. 메밀과 소면의 차이인가. 모밀 비빔에는 들깨가 올라가 있긴 하다만……. 뭐, 각자 본인이 좋아하는 면을 선택하면 되겠다. 중고나라 소심녀에 따르면, 자기는 메밀의 묵직한 맛이 좋다면서 내가 먹은 비빔국수보다 한 수 위라고 했다. 여기에 500원만 추가하면 곱빼기가 나오는데 그 양이 두 배 가까이 되어서 많이 먹는 남자들도 포만감을 느낀다고 하니, 둥글게 둥글게 손에 손잡고 한번 다녀와 보시길. ♦

원당 국수 잘하는 집

영업시간 : 10:30~22:30(손님이 많으면 24:00까지)

브레이크 타임 : 없음

휴일 : 없음

전화 : 02-322-5582

주소 : 서울시 마포구 합정동 449-8번지

주차시설 : 가게 앞에 주차 가능

˙잔치국수 3,500원   ˙온 모밀국수 4,500원

˙비빔국수 4,500원   ˙모밀 비빔 5,500원

˙냉 모밀국수 4,500원

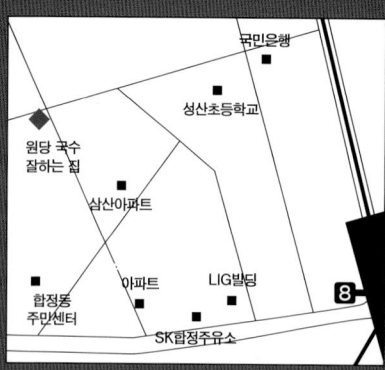

합정역 1번 혹은 8번 출구로 나와서 마을버스 16번을 타고 부대 앞 정류장에 내린 다음, 대각선쪽으로 길을 건너면 〈원당 국수 잘하는 집〉을 찾을 수 있다.

4. 이름 없는 칼국수집

✦✦✦

　　어느 날 중고나라 소심녀가 재미있는 곳이 있다면서 꼭 한번 가보자고 했다. 어느 빌라 지하에 있는 식당인데, 간판이 없단다? 홍대입구에서는 좀 멀고 청기와주유소를 거쳐서 구불구불 걸어 들어가야 하는, 길치인 나로서는 절대로 다시 찾아갈 수 없을 것 같은 곳이었다. 그러니 가 보실 분들은 알아서 지도 보면서 찾아가 보시길. 길을 헤매도 책임질 수 없다. 거기는 '이상한 나라의 앨리스'도 되어 볼 수 있는 곳이니까. 하지만 꽤 재미있는 경험이 아닌가?
그나마 길눈이 밝은 편인 중고나라 소심녀도 결국에는 가게로 전화를 걸어야 했다. 그렇게 이 골목 저 골목을 한참 돌았을까, 저 쪽에서 할머니 한 분이 걸어오시는 게 보였다. 왠지 그 할머니가 사장님이신 것 같은 느낌이 들었는데, 아니나 다를까 "국수 먹으러 왔어?" 하고 물으셨다. 그럼요, 그럼요. 할머니가 앞장서서 안내하신 곳은 그냥 빌라였다. 왜, 1층에는 주차장이 조성되어 있고 2층부터 집이 있는 그런 빌라 있잖은가. 당연히 주차장에는 차들이 세워져 있었고, 그곳을 통과한 다음에 작은 문으로 들어가야 했다. 입구에는 '칼국수집'이라고 적혀 있긴 했다. 주차장 옆으로도 보일락 말락 간판이 있긴 있었다. A4용지 크기의 종이에 '칼국수, 모밀국수'라고 쓰여 있는⋯⋯. 멋져요, 할머니!

그렇게 작은 문을 지나서 들어간 곳은 빌라의 반지하였다. 거기에 할머니 두 분이 운영하는 식당이 있었다. 그냥 칼국숫집이었다. '이름 없는 칼국수집'이라고 불리기도 한다고. 의정부 부근 어디였던가, 어렸을 때 엄마를 따라 어느 카페에 간 적이 있다. 그곳 역시 상호 없이 그냥 카페로만 존재했기 때문

에 사람들이 '무명'이라는 이름을 붙였다는 이야기가 전해지고 있었다. 진짜 그랬는지 아니면 원래 이름이 '무명'이었는지는 모르겠지만, 이름이 없는 카페며 식당이 간혹 존재하나 보다. 그런 가게들은 브랜드의 시대인 오늘날에 어쩌면 브랜드의 가치를 뛰어 넘는 스토리텔링을 해 오고 있었는지도 모른다.

식당, 엄밀하게는 현관 안으로 들어서니 화려한 북들이 선 채로 우리를 반겼다. 이들은 북춤을 출 때 사용되는 것으로, 보통 다섯 개를 놓고 춘다고 하여 그 춤을 '오고무'라 부른다. 이름이 없는 칼국숫집이라는 것만으로도 웃긴데, 북까지 서 있으니 참을 수 없었다. 혹시나 싶어 젊으셨을 때 오고무를 추셨냐고 여쭤 보니, 별 일 아니라는 듯 대답하셨다.

"아니, 누가 버린다고 해서 우리 달라고 했어. 거 있잖아, 인테리어 꾸미려고 가져 왔지."

아……, 생뚱맞긴 하지만 그 자체로 회자될 만한 멋진 녀석들이었다.

이곳에서는 **칼국수**와 **모밀국수**를 맛볼 수 있다. 한국의 국수 요리에서 가장 기본이 되는 게 바로 칼국수와 메밀국수다. 물냉면의 경우에는 육수가

칼국수 / 집에서 엄마가 만들어 주는 칼국수와 비슷하다.

추가로 필요하고 왠지 비빔냉면만 팔기에는 구색이 안 맞으니, 냉면은 조금 부담스러운 메뉴일 수도 있겠다 싶었다.

우리가 사진을 찍는 것을 보더니 마중을 나오셨던 할머니가 연신 자랑을 하셨다.

"여기에 기자들도 많이 왔어. 잡지에도 많이 나왔고. 학생들이랑 교수님도 자주 오는데, 연대나 홍대는 자주 와. 그런데 이상하게 서강대는 안 오네."

그러면서 음식을 내어 주시는데, 이건 뭐 더 달라면 달라는 대로 주실 기세였다. 먹고 모자라면 더 주겠다고 하셨지만, 이미 가져다주신 음식의 양도 어마어마했다.

테이블 위에는 후추와 식초가 상품 본연의 모습을 자랑하며 떡 하니 놓여 있었다. 다른 식당에서 이렇게 세팅해 놓았다면 구시렁댔을 수도 있지만, 왠지 이곳에서는 용납이 되었다. 상황이라는 게 참 상대적인 것이긴 한가 보다.

지금의 자리는 아니지만 여기저기 옮겨 다니면서 국수 장사만 40년을 해 오셨다는 할머니의 말씀을 들으며, 지금으로부터 40년 전인 1970년대의 서울을 상상해 보았다. 그리고 당시에도 특히나 학생들을 예뻐하셨을 것 같은 할머니들의 넉넉한 웃음도 떠올려 볼 수 있었다.

한 가지 팁을 덧붙이자면, 카드 결제가 지원되지 않으니 꼭 현금을 챙겨 가길 바란다. ◆

메밀국수 / 어마어마한 양을 주셔서 먹다 지치고 말았다.

이름 없는 칼국수집

영업시간 : 11:30~19:30

브레이크 타임 : 없음

휴일 : 셋째 일요일

전화 : 02-332-4958

주소 : 서울시 마포구 서교동 452-16번지

주차시설 : 있음

* 모밀국수 7,000원
* 칼국수 6,000원

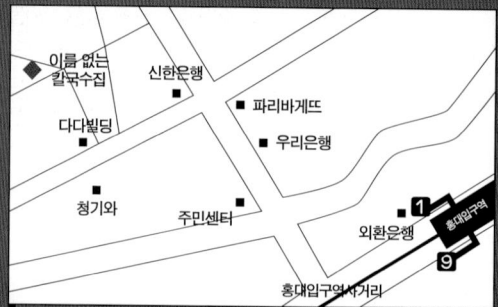

홍대입구역 1번 출구로 나와 첫 번째 사거리에서 우회전한 후 직진한다. 두 번째 사거리에서 신한은행 방향(대각선)으로 길을 건너 다시 직진, 대우 하나로 할인마트가 있는 골목으로 들어가서 세 번째로 보이는 왼쪽 골목으로 들어가면 된다. 간판이 없으니 잘 봐야 하며, 도저히 못 찾으면 전화하자.

현관에 들어서자마자 화려한 북들이 우리를 맞아 주었다.

5. 수안라(Suanla)

◆◆◆

〈수안라Suanla〉는 홍대 앞을 돌아다니다가 우연히 발견한 차이니즈 누들 바이다. 가끔 '뭔가 새로운 면을 먹어 볼 수 없을까?' 하는 소망을 머릿속에 담고 길을 걷다 보면, 이상하게 그와 관련된 곳들이 눈에 들어오기 시작한다.

입구에는 이름부터 낯선 메뉴인 **쏼라펀**이 소개되어 있는데, 이건 도대체 어떤 걸까? 내심 궁금해 하면서 들어간 〈수안라〉의 공간은 생각보다 아주 작았다. 예전에 친구가 단골집이라면서 압구정 쪽의 바에 데려갔는데, 그곳에는 정말 바밖에 없었다. 바에 일직선으로 옹기종기 앉아서 이야기를 나누다 오곤 했는데, 〈수안라〉도 마찬가지였다. 바밖에 없었다.

그 덕분에 셰프와 직접 대화하면서 음식을 주문할 수 있고, 셰프가 요리하는 모습도 그대로 볼 수 있었다. 그래서 간단하게 맥주 한잔 하려고 오는 분들도 있겠다 싶었다. 그때 마침 한 여성분이 혼자 들어 오더니 군만두 하나에 맥주 한 병을 시키면서 셰프에게 "시간이 남아서 한잔 하러 들렀어요."라며 이야기를 건네는 게 아닌가.

젊은 남성분인 셰프는 목소리가 우렁차고 재미있었는데, 그렇다고 고객들을 허투로 보지 않고 친절하게 대해 주셨다. 간혹 친구와 손님의 경계를 넘는 분들이 있는데, 상대가 허용하면 몰라도 그렇지 않은데도 선을 넘으면 다소 불쾌해지곤 한다. 내 입장에서는 셰프와 이야기를 나누면서 맥주를 마시는 게 부담스러운데, 이런 분위기를 좋아하는 사람들도 많으리라고 생각한다. 어차피 고객의 성향은 다 다르게 마련이니까.

쏼라펀을 주문하려고 하자, 셰프가 짐짓 심각한 표정을 지으며 혹시 태국의 '똠양꿍' 같은 음식을 드셔 보셨냐고 물었다. 〈부다스 벨리〉에서도 비슷한 음식을 먹었고 그전에도 먹어 본 적이 있어서 그렇다고 대답하니, 이 쏼라펀은 상당히 강렬한 맛이 나는 음식이라고 설명했다. 매콤한 데다 또 시큼하고. 그래도 명색이 누들로더인데 먹어 보자 싶어 "도전!"이라고 외치니, 그도 우렁차게 "도전!"이라고 같이 외치면서 바로 요리에 돌입하셨다.

우리는 쏼라펀과 함께 **차오미엔**도 주문했다. 이것은 일종의 해물 볶음면이

차오미엔 / 〈수안라〉에서 차오미엔을 주문하면 화려한
불꽃쇼도 덤으로 볼 수 있다.

라 할 수 있는데, 셰프는 이 차오미엔을 요리하면서 불꽃쇼도 보여 주었다. 가까이에서 요리하는 모습을 지켜 보니 신선한 느낌도 들고 안심도 됐다.

어느 식당에서 해물우동 볶음면을 주문했는데, 라볶이에다가 면만 우동으로 바꾼 음식이 나와서 황당했던 기억이 있다. 이건 뭐 우동볶이도 아니고……. 하지만 〈수안라〉의 차오미엔은 화려한 불꽃쇼와 함께 요리되어 나온 음식이라선지 꽤 맛있었다. 그런데 곧이어 나온 쏼라펀에 바로 밀려 나고 말았다. 차오미엔도 결코 뒤지는 맛은 아니었는데 말이다.

쏼라펀은 당면으로 요리하는 것이 기본인데, 당면이 부담스러우면 감자 면으로 만들어 준다고 했다. 안 그래도 '당면도 국수 면으로 쳐야 하나?' 싶은 생각을 하던 터였다. 당면도 '면'이니 국수로 포함을 시킨다면, 잡채는 어떻게 되는 거지? 그러던 참인데 쏼라펀이 당면으로 요리한 국수라니, 이것도 보통 인연은 아니다 싶었다.

과연 쏼라펀은 강렬했다. 맵고 시큼하고! 하지만 분명 묘한 매력이 있었다. 자극적인 맛을 별로 좋아하지 않는다면 기함할 지도 모르지만, 내 경우에는 어쩌면 이런 음식을 먹어 보길 기다리고 있었는지도 몰랐다. 게다가 바 형태로 되어 있기 때문에 약간의 고객 맞춤 서비스도 받을 수 있었다. 내가 숙주나물을 좋아한다고 했더니 특별히 더 많이 넣어 주셨다.

셰프는 시간을 때우러 왔다는 옆자리의 맥주 손님과 우리를 번갈아 보면서 계속 이야기를 나누셨는데, 그게 그다지 불편하지는 않았다. 사실 나와

쏼라펀 / 한번 먹어 보면 그 맛을 잊기 힘들 만큼 강렬하고 자극적이다.

중고나라 소심녀는 둘 다 소심한 A형이라서 낯을 좀 가리는 편인데, 둘이 가서 그나마 용기가 있었던 걸까? 아니면 셰프가 워낙 편한 분이였을까? 여러분의 판단에 맡기겠다.

그 강렬했던 쏼라펀의 기억은 다음 날 아침에 씻으려고 고상하게 세면대 앞에 섰는데, 문득 '또 먹고 싶다……'라는 독백과 함께 갑자기 되살아났다. 어찌나 그 인상이 강하던지, '내 반드시 이번 주 내로 다시 가고야 만다!'라고 결심했을 정도다(결국에는 다른 국수를 먹으러 가는 바람에 못 갔지만). 이 이야기를 중고나라 소심녀에게 했더니, 그녀는 웃으면서 자기도 일주일쯤 뒤에 다시 먹고 싶다는 생각을 했다고 고백했다. 강렬했던 맛만큼 머릿속에도 강렬하게 인식이 되어 버린 모양이다. ◆

쏼라펀 / 쏼라펀의 면은 당면이지만 감자면으로 주문할 수도 있다.

수안라의 셰프님이 특별히 포즈를 취해 주셨다.

수안라(Suanla)

영업시간 : 11:30~22:00

브레이크 타임 : 15:00~17:00

휴일 : 월요일

전화 : 070-4095-9363

주소 : 서울특별시 마포구 서교동 358-68번지

주차시설 : 없음. 수 노래방 근처 공영 주차장 이용 가능

˚ 쏼라펀 8,000원

˚ 딴딴미엔 8,000원

˚ 차오미엔 8,000원

홍대 정문에서 홍익공원(놀이터) 쪽 골목으로 들어가 쭉 직진한 다음, 수 노래방 건너편의 골목으로 들어가면 오른편에 위치해 있다. 지하 1층에 있는데, 출입구가 작은 편이니 주의 깊게 봐야 한다.

6. 온 더 식스(On the 6)

✦✦✦

2010년에 《부러우면 지는 거다》[01]라는 책이 출판된 적이 있다. 〈해피 투게더 프렌즈〉, 〈박수홍, 박경림의 좋은 사람 소개시켜 줘〉, 〈청춘불패〉 등을 집필한 경력이 있는 프리랜서 작가인 신여진 님이 쓴 책이었다. 당시 그분이 책을 쓴다면서 나를 인터뷰하고 싶다고 하셨다. 나야 물론 영광일 수밖에 없어서 룰루 랄라 나갔는데, 약속 장소가 바로 〈온 더 식스On the 6〉였다. 6층에 있어서 이름이 〈온 더 식스〉가 된 이곳을 그때의 인연으로 여러 번 갔었다. 한번은 친구들과 함께 스테이크와 **알리오 올리오**를 먹었던 적이 있다. 사실 파스타보다는 스테이크를 더 좋아하는데, 그날은 유난히 스테이크보다 알리오 올리오 쪽으로 포크질을 하느라 정신이 없었다. '아, 파스타가 스테이크보다 더 맛있을 수도 있구나.'라는 것을 깨달은 날이었다.

다시 누들로드로 돌아와서, 우리의 여정에 〈온 더 식스〉를 빼먹을 수는 없었다. 우리는 알리오 올리오를 먹기 위해 그곳을 다시 찾았고, 토마토소스로 베이스를 하고 베이컨과 소시지를 넣은 매콤한 파스타 **아마트리치아나**도 같이 주문했다.

구운 마늘이 토핑으로 올려진 알리오 올리오가 나오자, 얼른 맛부터 보았다. 기억에서 되살아나는 그 맛. 〈녹사 라운지〉에서 먹은 것에 비해 소금 간

---
01 신여진 지음. 부즈펌, 2010.

이 더 진했고, 구운 마늘을 까 먹는 맛도 참 좋았다. 이어서 아마트리치아나를 먹어 보았다. 사실 큰 기대를 하지 않고 먹었는데……, 세상에나! 제법 매워서 그랬을까? 내 입맛에 꼭 맞았다. 스테이크를 이긴 알리오 올리오가 다시 아마트리치아나에게 지는 순간이었다. 어쩌면 알리오 올리오의 입장에서는 대 굴욕을 맛본 하루이지 않았을까? 미안해, 난 역시 매운맛 귀신인가 봐. 결국 알리오 올리오 때문에 갔다가 아마트리치아나에 반해서 나온 셈이었다.

〈온 더 식스〉의 낮 시간은 굉장히 조용한 편이다. 창문이 통유리로 된 쪽으로 자리를 잡으면 밖으로 내려다보이는 풍경이 나쁘지 않고, 와이파이가 무료로 제공되기 때문에 한가롭게 앉아서 글을 쓰기에도 적당하다. 찻값이 일반 커피 전문점보다는 비싸지만, 조용하고 푹신한 의자가 제공된다는 점에서 보면 이 편이 더 좋을 수도 있다.

하지만 〈온 더 식스〉만의 특별한 매력은 저녁 이후에 나타난다. 연인끼리

알리오 올리오 / 스테이크보다 더 맛있게 먹었던 파스타.

아마트리치아나 / 스테이크를 이긴 파스타를 한 번 더 이긴 영광의 파스타.

런치 세트를 주문하면 샐러드와 커피가 나온다.

오면 좋을 법한 아주 멋진 비밀의 장소가 마련되어 있기 때문이다. 입구에서 왼쪽으로 보면 동그란 테이블이 여러 개 있는데, 낮에는 그저 그런 평범한 공간이지만 저녁에는 동그랗게 커튼을 쳐 주기 때문에 근사하고 로맨틱한 공간으로 변신한다. 그 안에서 촛불 하나 켜 두고 앉으면 은근히 분위기가 살아서 둘만의 오붓한 시간을 보낼 수 있다. 데이트 장소를 찾는 연인들에게 이곳을 추천해 본다. ◆

온 더 식스(On the 6)

영업시간 : 12:00~24:00(주문은 21:30까지, 금·토요일은 23:00까지)
브레이크 타임 : 없음
휴일 : 없음
전화 : 02-324-8746
주소 : 서울시 마포구 서교동 407-7번지 아트빌딩 6층
주차시설 : 건물 내 주차장 이용 가능(2시간 무료, 추가 시 30분당 2,000원)
사이트 : http://onthe6.com

- 알리오 올리오 16,000원
- 베이컨 비안코 17,000원
- 아마트리치아나 17,500원
- 마레 토마토 17,500원
- 봉골레 16,000원

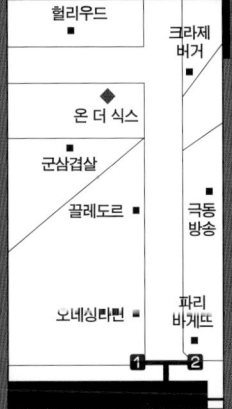

상수역 1번 출구로 나와 직진, 삼거리가 나오면 좌회전한다. 10m정도 가서 6층을 바라보면 〈온 더 식스〉 간판이 보인다.

✦✦✦

강남 편

삼대 국수회관

장퀘

음악국수집

두레국수

복진면

소호정(笑豪亭)

낙지골

샘밭막국수

이태원이나 홍대입구처럼 독특한 문화는 없지만, 그래도 직장인들의 메카로 빼놓을 수 없는 곳이 강남 지역이다. 사실 그 자체가 강남권의 문화이기도 하다.
이 강남 지역에서 '불친절한 번개' 최대 참석률을 달성했다. 그것을 끝으로 '불친절한 번개'는 너무 불친절해서 더는 유지되지 못했지만……. 어쨌든 강남 지역에서 가장 큰 호응이 있었다. 아무래도 지인들이 대부분 강남 지역으로 출퇴근을 하는 직장인들이다 보니 그런 것 같다.

1. 삼대 국수회관

✦✦✦

　　제주도를 사랑하는 중고나라 소심녀가 추천해 준 〈삼대 국수회관〉은 제주도에서 직접 비법을 전수받고 식재료까지 공수해 오는 곳이다. 아직 시린 겨울바람이 왕성하게 활동하고 있던 3월 말, 우리는 〈삼대 국수회관〉을 방문했는데……. 아쉽게도 문이 닫혀 있었다. 혹시 브레이크 타임인가 싶어 잠시 기다리면서 가게 안을 기웃거려 봤지만, 수건 등이 여기저기 걸려 있는 모양새를 보자니 아무래도 불길한 예감이 들었다.

전화 공포증에 시달리는 나를 대신해 언제나 위치 추적형 통화를 담당하곤 하는 중고나라 소심녀가 곧바로 전화를 걸어 보았다. 그리고 사장님으로부터 몸이 아파 일주일 정도 가게 문을 열지 못한다는 소식을 들어야 했다. 이런……. 우리는 굳게 닫혀 있는 가게 문 앞에서 쓸쓸하게 인증 샷만 한 장 찍고 물러나야 했다. 대신 압구정역 근처에 있는 한 국숫집에 들러 보았으나, 콘셉트가 불분명하고 맛도 그다지 우수하지 못하다는 판단 아래 언급하지 않기로 결정했다. 결국 그날은 온종일 허탕을 친 기억만이 아스라하게 남아 있다.

우리는 찬바람이 가시고 따뜻한 바람이 불 때쯤 다시 한 번 그곳을 방문했다. 일전에 바람 맞은 기억이 있으니, 이번에는 미리 전화를 해서 문을 열었는지부터 먼저 확인했다.

바람맞은 어느 날 가게 앞에서 인증샷을 남기고 돌아서나.

고기국수 / 탱글탱글한 면발과 정성껏 우려낸 육수, 맛있는 돼지고기 토핑까지 삼박자를 맛볼 수 있다.

〈삼대 국수회관〉의 **고기국수**는 중면을 사용하고 제주에서 공수해 온 흑돼지를 토핑으로 얹어서 내왔다. 국수의 국물 또한 돼지를 우려내서 만들기 때문에 자연스럽게 일본의 돈코츠라멘이 떠올랐다. 레시피는 서로 다르겠지만, 둘 다 돼지를 사용해 우려낸 육수에 돼지고기가 토핑된 면 요리이다. 뒤에 숨겨진 역사는 잘 모르겠지만, 제주도와 일본은 거리상으로 가깝기에 '뭔가 특별한 인연이 있지 않을까?' 하는 생각도 잠시 해봤다.

가게에는 '주문 후 바로 면을 삶아서 시간이 좀 걸린다'라는 내용의 안내문이 걸려 있었다. 공지사항 격이라 할 수 있는 이러한 문구는 때로는 그 자체로 브랜딩에 활용되기도 하는데, 면을 미리 삶아 놓지 않겠다는 사장님의 굳은 의지를 엿볼 수 있어 신뢰가 가기 때문이다. 확실히 그만큼 면발이 탱글탱글했다.

면 위에 토핑된 돼지고기는 맛이 아주 좋았다. 고기도 먹어 본 자가 안다고, 입에서 살살 녹는 맛이 끝내줬다. 유독 고기를 좋아하는 나는 이렇게 한 끼를 먹으면서 맛있는 고기 한 점을 먹을 수 있다는 데 점수를 높이 주고 만다. 더구나 반찬으로 나온 고추는 매운맛 마니아인 나의 입맛에 딱 맞았다. 국수의 양도 엄청 많아서 결국 다 먹지 못했다. 우리가 식사를 하는 동안 옆에서는 한 남성분이 곱빼기를 시켰다. 참 위대한 분이구나 싶었다. 이후에 제주도 여행을 가게 되었을 때, 혹시나 하는 마음에 고기국수를

비빔국수 / 비빔국수는 많이 맵진 않지만, 함께 나오는 고추의 매운맛이 일품이다.

비빔국수 / 비빔국수에 돌돌 말아먹는 돼지고기는 가히 별미다.

먹어 보았다. 같은 브랜드의 국수는 아니었지만, 똑같은 형태의 고기국수를 맛보았다. 마찬가지로 담백한 국물에다가 토핑된 고기의 맛도 굉장했고, 양 역시 푸짐했다. 조금 다른 점이 있다면, 서울에서는 고기가 반듯하게 썰려 있었는데 제주도에서는 뭉텅뭉텅 썰려 있었다는 것 정도. 제주도 쪽 고기가 조금 더 거친 포스를 자아냈다.

이날 〈삼대 국수회관〉에서 함께 주문한 **고기 비빔국수**는 면을 비빈 다음에 고기를 돌돌 말아서 먹었는데, 그렇게 하니 맛도 좋고 먹는 재미도 있었다. 보통 양념갈비에는 물냉면, 삼겹살에는 비빔냉면을 함께 먹곤 하는데, 고기와 비빔국수의 조합도 상당히 잘 어울렸다.

계산을 하면서 "양이 너무 많았어요."라고 하니까, "아가씨들이라 일부러 조금 준 건데?"라고 말씀하셨다. 이것 참, 아까 곱빼기를 시키던 분을 저절로 되돌아 보게 되었다. ◆

삼대 국수회관

영업시간 : 11:50~22:00

브레이크 타임 : 16:00~17:00

휴일 : 일요일

전화 : 02-3446-1186

주소 : 서울시 강남구 논현동 124-15번지 1층

주차시설 : 근처에 유료 주차장이 있음. 6시 이후에는 건물 옆에 있는 주차장 이용 가능

· 고기국수 7,000원
· 멸치국수 5,000원
· 비빔국수 7,000원
· 국밥 7,000원

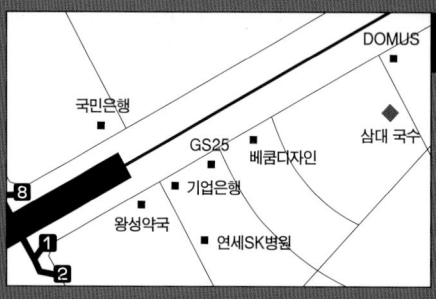

논현역 7번 출구로 나와서 직진하다가 〈도무스 디자인〉 옆 골목으로 들어가면 오른편에 위치해 있다.

2. 장퀘

✦✦✦

예전부터 추천을 받아 온 신논현역 근처의 중국요리 전문점 〈장케〉. 그곳을 탐방하러 나서기 전에 '불친절한 번개'를 한번 쳐 보기로 했다. 사실 전적이 그다지 화려하지 않기 때문에, 별다른 기대 없이 마치 임무를 수행하듯 오전에 트위터로 번개 공지를 올려 보았다. 그런데 직장인들이 넘쳐 나는 강남이어서 그런지, 불친절한 시각인 1시 30분에도 배고픔을 참고 견디면서 우리의 번개에 나오신 분이 무려 네 명이나 되었다. 이로써 '불친절한 번개' 사상 최다 참석률을 기록한 셈이었다. 매우 감격한 나는 '기념 배지라도 제작해야 하는 게 아닌가?' 하는 엉뚱한 생각도 한번 해 보는 것이었다.

누들로더인 나와 중고나라 소심녀를 포함하여 총 여섯 명이 주문을 할 수 있었기 때문에 **볶음짬뽕, 사천 짜장면, 홍합짬뽕**에다가 **탕수육**까지 맛볼 수 있었다. 이것이 바로 번개의 참맛! 누들로드를 다니는 동안 최대 열 명이 번개에 참석할 확률에도 도전해 보고 싶어졌다. '그렇게 하면 메뉴 하나 값으로 많은 국수 요리를 모두 맛볼 수 있을 거야!'라는 상상에 잠시 취했다.

음식을 시켜 놓고 보니, 면 요리는 죄다 빨간 색이었다. 한 분은 전날 술을 마셔서 국물이 시원한 홍합짬뽕을 고르셨고, 나는 원래 매운 것을 좋아하니까 다른 선택의 여지가 없었다. 기본 짜장면을 먹어 봤어야 하는데……

다 먹고 난 후에야 살짝 후회가 되기도 했다. 하지만 어쩌랴, 다음 기회로 미룰 수밖에.

우리는 음식들을 테이블에 주르르 나열한 다음, 앞접시를 이용하여 조금씩 덜어 먹었다. 색은 비슷했지만 맛은 전부 달랐다. 특히 사천 짜장면은 여느 중국집과 달리 면과 소스가 따로 나왔고, 춘장은 하나도 섞여 있지 않았다. 중국집에서 먹는 사천 짜장면은 대개 매운맛이 아니던가. 이곳의 사천 짜장면도 처음 맛보았을 때는 모르겠더니, 시간차를 두고 스르르 번지면서 혀를 지그시 누르는 매운맛이 제법이었다.

홍합짬뽕은 칼칼한 맛이었고, 내가 선택한 볶음짬뽕은 걸쭉한 국물과 해산물이 잘 어우러진 매운맛을 선사해 주었다. 나와 같은 메뉴를 시킨 분의 트위터를 확인해 보니, 역시 볶음짬뽕이 가장 맛있었다는 후기가 올라와 있었다. 내 입맛에도 볶음짬뽕이 가장 맛있었는데, 다른 분들은 어땠을지 모르겠다.

**사천 짜장면 / 짜장면의 매운맛이 씹을수록 입안 가득
번져 나가는 것이 특징이다.**

홍합짬뽕 / 칼칼한 매운맛이 인상적인 얼큰한 짬뽕.

〈장케〉의 음식들은 소문대로 모두 맛있었다. 함께 주문한 탕수육은 걸쭉한 소스에 두껍지 않은 튀김옷을 자랑하면서 우리의 혀를 즐겁게 해 주었다. 처음 먹을 때는 달달한 맛이 강했는데, 계속 먹을수록 그 맛에 빠져드는 것이 그저 신기할 따름이었다. 번개 덕분에 여자 여섯 명이 가서 국수 네 그릇에 탕수육 중짜를 시키고는 군만두까지 서비스로 받았다. 전반적으로 크게 친절하지는 않았지만 또 크게 불친절하지도 않은, 적당한 거리를 유지하고 있었다.

번개에 참석한 분들 가운데 한 명은 근처에 있는 회사에서 시켜 먹을 거라면서, 무려 24시간 배달이 가능하다는 이곳의 메뉴판을 챙겨 가셨다. 후문에 따르면 꽤 여러 번 시켜 드셨다고 한다. 그렇다면 맛집으로 확실히 인정된 건가?

볶음짬뽕 / 걸쭉하면서도 맛있게 매워서 내 입맛에 딱이었다.

탕수육 / 여럿이서 함께 중국 음식점에 가면 필수로 시켜야 하는 음식 중 하나이다.

군만두 / 서비스로 받은 군만두. 그릇이 더 마음에 들었다.

우리는 식사를 맛있게 한 다음, 근처의 카페에 들러 잠시 이야기꽃을 피웠다. 마침 번개에 나온 분들이 모두 인터넷과 관련된 회사에 다니는 분들이라서였을까? 모두 스마트폰을 갖고 있었다. 공교롭게도 우리의 중고나라 소심녀만 2G폰이었다. 혼자서만 핸드폰 고리를 당당하게 두 개나 걸고 다니는 그녀, 참 꿋꿋하다.[01]

'불친절한 번개'였는데도 기꺼이 나와 주신 모든 분들에게 이 자리를 빌려 감사드리면서, 맛있는 음식을 서로 나눠 먹을 수 있어서 너무 좋았다는 소감을 다시 한번 전하고 싶다. ◆

01 하지만 그녀도 얼마 가지 않아서 곧 스마트폰 유저 대열에 합류했다.

장궤

영업시간 : 24시간

브레이크 타임 : 없음

휴일 : 일요일 22:00시부터 월요일 10:00까지

전화 : 02-547-5452

주소 : 서울시 반포동 746-15번지

주차시설 : 있음. 건물 앞에 3대, 뒤편에 여러 대 주차 가능

* 짜장면 4,500원
* 사천 짜장면 6,500원
* 볶음짬뽕 7,000원
* 홍합짬뽕 6,000원
* 굴짬뽕 6,500원

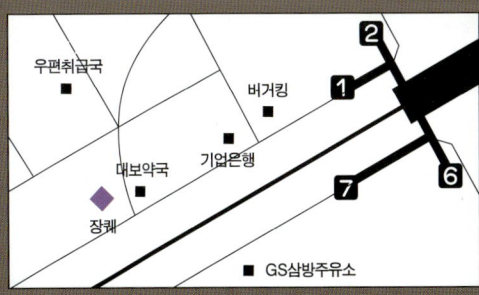

9호선 신논현역 1번 출구로 나와 100m 정도 직진하면 대로변에 〈장궤〉가 위치해 있다.

3. 음악국수집

✦✦✦

    이곳은 원래 〈만복 국수집〉의 강남 지점이다.[01] 하지만 개성을 살리는 데 동의한 본사 덕분에 좋아하는 음악과 애니메이션을 결합한 인테리어가 돋보이는 〈음악국수집〉으로 다시 태어날 수 있었다. 이곳의 사장님(닉네임:욕심사마)은 블로그, 트위터, 페이스북 등으로 매장을 적극 홍보하고 있는데, 매장 사진들에서 독특한 운영 방식을 미리 엿볼 수 있었기에 꼭 한번 가 보고 싶었다.

우리는 하루에 두 탕을 뛰어 보기로 했다. 그까짓 거, 한번 해 보자. 그래서 〈장퀘〉를 갔다가 '불친절한 번개'의 연장선으로 카페에서 이야기꽃을 피운 뒤, 근처에 있는 교보문고에 들러 책들을 감상하고 나서 슬슬 〈음악국수집〉으로 걸어가 보기로 했다.

〈음악국수집〉은 강남역 1번 출구 쪽에 있기 때문에, 우리는 강남대로를 따라서 짧은 누들로드를 걷게 되었다. 그렇게 해서 도착한 시각은 4시 47분. 대우 디오빌 건물 지하에 위치한 이곳은 〈만복 국수집〉 특유의 인테리어로 우리를 맞이해 주었으나, 하필 브레이크 타임이었다. 5시까지는 꼼짝없이 기다려야 할 판이라, 우리는 매장 앞에 비치되어 있는 의자에 털썩 주저앉았다.

---

[01] 최근에는 본사와의 계약이 만료되어 독자적으로 〈음악국수집〉을 운영하고 있다. 어떻게 재탄생할지 궁금할 따름이다.

〈음악국수집〉의 특징은 음악과 애니메이션이 어우러져 가게를 꾸미고 있다는 것이다.

나는 트윗질을 했고 중고나라 소심녀는 트윗질을 하는 나를 찍어 대기 시작했다. '언제 어디서나 트윗하는 먹는 언니의 화보'라도 낼 기세였다.

'5시가 딱 되면 바로 열어 달라고 문을 두드리리라……'라고 마음먹고 있는데, 학창시절에 겪은 에피소드 하나가 떠올랐다. 내가 좋아하던 문학 선생님의 수업시간이었는데, 그날따라 왜 그런 장난이 치고 싶었는지 모르겠다. 수업이 끝나는 시간에 맞춰 손목시계로 알람을 설정해 놓았던 것이다. 수업시간이 끝나가는지도 모를 만큼 열중하던 선생님은 내가 맞춰 놓은 알람소리를 들으면서 현실세계로 다시 소환되셨는데, 표정이 잔뜩 일그러져 있었다. 나는 놀라서 얼른 알람을 끄긴 했지만, 좋아하던 선생님께 찍힌 것 같아 마음이 편치 않았다. 내심 '왜 그렇게 불쾌해하셨을까?' 의아해하던 어린 시절이었다.

지금 생각하면 공부에는 코딱지만큼도 관심 없는 이상한 애가 울려 대는, 빨리 수업을 끝내기나 하라는 경고음처럼 들렸을지도 모르겠다. 선생님 눈에는 내가 얼마나 건방져 보였을까? 그때 선생님이 짓던 표정이 20여 년이 지난 지금까지도 여전히 생생하다. 그래서일까, 5시 땡 하면 문을 두드리겠다던 생각이 슬며시 자취를 감추려고 할 즈음 〈음악국수집〉에서 알아서 문을 열어 주었다. "많이 기다리셨죠?"

브레이크 타임이 끝나자마자 입장했더니, 매장 안이 어두컴컴했다. 이내 불이 밝혀지면서, 웹상으로만 보던 음악과 애니메이션이 공존하는 바로 그 인테리어가 눈에 들어 왔다. 소녀시대 브로마이드가 벽에 커다랗게 붙어 있었고, 애니메이션 〈원피스〉를 좋아하는지 벽이며 천장에 관련 포스터가 가득했다. 건담 프라모델이 곳곳에 놓여 있었고, 여러 뮤지션의 포스터와 음반이 한쪽 벽면을 가득 채우고 있었다. 왠지 기분이 좋아지는 가게였다. 개인적으로 캐릭터들을 좋아해서 더욱 그렇게 느꼈는지도 모르겠다.

멸치 내장을 한 땀 한 땀 제거하여 정성스럽게 육수를 만들었기 때문에 가급적 원샷을 권장한다는, 그야말로 '욕심사마님다운 안내문도 볼 수 있었다. 우리는 바로 그 한 땀 한 땀 내장을 제거해서 우려냈다는 **멸치국수 정식**과 **비빔국수**를 주문했다. 정식을 시키자 보쌈이 함께 딸려 나왔다.

사실 〈음악국수집〉은 국수가게라고 하기엔 다른 메뉴들이 더 많았다. 하지만 국수 자체도 맛있는 데다 보쌈까지 함께 먹을 수 있다는 점에서 큰 점수를 주고 싶었다. 보쌈을 정말 좋아하면서도 혼자서 먹기에는 소짜라도 양이 많아서 망설이게 되는데, 이렇게 메뉴에 곁들여 나오니까 좋았.

멸치국수는 면만 따로 그릇에 담고 육수는 주전자에 담아 와서 즉석에서 부어 주었다. 그 퍼포먼스도 괜찮았다. 육수를 정말로 사랑하시는지 가득 부어 주셔서 '이걸 어떻게 원샷으로…' 하면서 약간 두려움에 떨어야 했다. 하지만 멸치 육수는 담백하고 시원해서 정말이지 위장만 넉넉하다면 원샷도 할 수 있을 것 같았다.

비빔국수는 멸치국수에 비해 큰 특징은 없는 편이었다. 그러나 나라면 정식으로는 둘 중에서 비빔국수를 시켜 먹을 것이다. 보쌈은 매콤한 비빔국수와 함께 먹는 편이 더 어울리니까 말이다.

〈음악국수집〉은 인디밴드들을 지원하고 있는데, 앞으로는 지하 1층에 위치한 가게를 1층으로 올리고 가끔씩 작은 콘서트를 여는 진짜 '음악국수집'

멸치국수 / 뜨거운 멸치 육수를 테이블에서 직접 따라 준다.

국수정식을 시키면 함께 나오는 보쌈. 고기맛이 좋다.

으로 성장하고 싶다고 한다. 그 목표를 향해 전진하는 모습은 욕심사마님의 트위터나 페이스북을 통해 엿볼 수 있다. 궁금한 분들은 얼른 '팔로잉' 내지는 '페친'을 신청하시길 권한다. ◆

비빔국수 / 평범한 비빔국수도 보쌈과 함께 먹으면 썩 잘 어울린다.

음악국수집

영업시간 : 평일 11:30~11:30, 토요일·공휴일 11:30~15:00

브레이크 타임 : 15:10~17:10

휴일 : 일요일

전화 : 070-8119-5128

주소 : 서울시 강남구 역삼동 824-25번지 대우 디오빌플러스 지하상가 107호

주차 : 건물 내 1시간(6시 이후에는 3시간) 무료 주차 가능

블로그 : http://music-noodle.com   트위터 : @musicnoodles

페이스북 : http://www.facebook.com/musicnoodless

* 멸치국수 보통 4,000원 / 특 5,000원 / 정식 7,000원   * 보쌈정식 6,000원
* 비빔국수 보통 4,000원 / 특 5,000원 / 정식 7,000원   * 국수정식 7,000원
* 오~ 제발 정식 5,000원

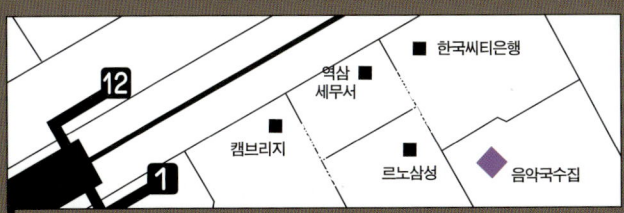

2호선 강남역 1번 출구로 나와서 직진하다가 시티은행 옆 골목으로 들어가면 왼편에 대우 디오빌플러스 건물이 있다. 지하로 들어가는 입구가 있는데, 그곳으로 내려가서 오른쪽으로 가면 〈음악국수집〉이 위치해 있다.

4. 두레국수

✦✦✦

〈두레국수〉는 남동생의 추천으로 찾아간 곳이다. 남들은 신기해 하지만, 남동생과는 예전부터 바로 옆방에 있으면서도 메신저로 대화하는 사이였다. 요즘에는 페이스북으로 이야기하는데, 그 덕분에 우리는 서로의 페이스북을 통해 뭘 하고 사는지를 파악하고 있다. 최근에는 따로 살고 있긴 하지만, 내가 페이스북에 누들로딩을 하고 있다는 글을 써 놓은 것을 보고 〈두레국수〉를 추천해 주었다. 특히 해장에 최고라는 말을 덧붙이면서.

사실 우리는 이날 제주도식 고기국수를 만드는 〈삼대 국수회관〉에 먼저 갔다가 첫 번째 방문에서 바람맞은 뒤, 〈두레국수〉로 이동했다. 때는 바야흐로 저녁시간이었다. 이미 국수는 다 팔리고 없다면서 전골 등의 메뉴만 주문할 수 있다고 했다. 좌절모드에 빠진 우리가 국수는 언제 먹을 수 있냐고 물어 보니, 이렇게 대답하셨다.

"저희는 저녁에는 전골만 판매합니다. 국수는 일반적으로 오후 6시까지 하는데, 재료가 떨어지면 그 전에도 중단될 수 있어요."

아, 일찍 와야 되는구나……. 그렇게 돌아선 그날은 참 서글픈 하루였다. 〈두레국수〉 두 번째 방문을 시도하던 날, 중고나라 소심녀와 나는 점심 무렵에 일찌감치 압구정역에서 만났다. 10시 30분쯤 되었을까? 너무 이른 시간이 아닐까 싶었지만 혹시라도 국수를 먹을 수 없을지도 모른다는 조바심에 흡사 경보를 하듯이 뛰어, 아니 걸어갔다(경보의 특징을 아는가? 경보는 두 발 중 하나는 땅에 붙어 있어야 한다는 룰이 있다).

거의 뛰쳐 들어가다시피 한 〈두레국수〉에는 아무도 없었다. 어찌나 빨리 갔는지, 우리가 첫 손님이었던 것이다. 이래저래 소심한 여자 둘이서 오두방정을 떨면서 스타트를 끊었고, 그날의 첫 주문은 **두레국수**와 **비빔국수**가 되었다.

먼저 비빔국수가 나왔다. 푸짐한 채소 사이로 소고기가 올라 있고 김치와 육수, 그리고 고추장소스가 소박하게 따라 나왔다. 국수 한 그릇 안에 삼라만상이 다 들어 있으니, 찬은 김치면 족하리라, 뭐 이런 뜻인 것 같기도 하고. 고추장을 뿌리고 살살 비벼 먹기 시작했다. 면은 소면과 쫄면의 중간쯤이었다. 홍대입구에 있는 라멘집 〈하카다분코〉에서 소면과 라면의 차이는 간수[01]라고 하던데, '이곳의 면은 간수를 좀 했나?' 싶은 생각이 들었다.

곧이어 두레국수가 나왔다. 역시 반찬은 조촐하게 김치 하나가 다였고, 청양고추와 밥 반 공기가 같이 나왔다. 사실 맛이 없거나 불친절하거나 음식에 비해 터무니없이 비싼 가게에서 이런 시추에이션으로 밥상을 내왔다면, "어째서 반찬이 김치 하나뿐이냐?"라면서 분명 구시렁댔을 것이다. 하지만 맛이 있으니 용서가 된다고나 할까? 채소로 우려냈다는 육수에 파, 쑥갓, 고추가 동동 떠 있는 사이로 보이는 심상치 않은 면발에 야들야들한 소고기 한 점이라니.

01 옛날부터 두부를 만들 때 응고제로 이용하던 것으로 면의 탄탄함을 결정한다.

비빔국수 / 소박한 상차림이 오히려 비빔국수의 맛을 돋보이게 했다.

두레국수 / 양도 푸짐하고 맛도 푸짐한 두레국수는 해장용으로도 좋을 법했다.

남동생의 말대로 국물이 시원한 것이 해장용으로도 그만일 듯했다. 게다가 밥까지 한껏 말아 먹으니 술을 마시지 않았는데도 뭔가 해장이 되는 것만 같은 느낌이 들었다. 도대체 이런 느낌을 영어로는 어떻게 표현할 수 있을까? 그 사람들은 이렇게 시원한 음식이 없어서 적절한 단어가 없는 걸까? 두레국수 한 그릇에 밥 한 덩이까지 말았더니 양이 어마어마해졌지만, 끝까지 퍼먹고 말았다. 이날도 나는 이렇게 위대해졌다.

계산을 하려고 카드를 내밀자, 첫 손님이니 현금으로 주시면 안 되겠냐고 물어 보셨다. 아하! 바로 마수걸이였다. 어감이 비속어처럼 들리지만, '맨 처음으로 물건을 파는 일. 또는 거기서 얻은 소득'을 의미하는 표준어다. 장사하는 분들 사이에는 마수걸이를 현금으로 받아야 그날 장사가 잘된다는 속설이 있다. 나름 재미도 있어서 현금으로 계산하고 나왔다(그래도 현금영수증은 발급해 준다).

이날은 이른 점심에 부랴부랴 압구정동으로 출동해서 한 그릇 먹은 뒤 일찍 헤어졌다. 커피라도 한잔하면서 수다를 떨고 싶은 충동이 일었지만, 우리에겐 또다시 내일의 태양이 뜰 테니 오늘은 이만 안녕히! ◆

두레국수에 밥을 말아 먹으면 시원해진 속이 한층 든든해진다.

두레국수

영업시간 : 9:30~20:00

브레이크 타임 : 없음

휴일 : 토·일요일

전화 : 02-3444-1421

주소 : 서울시 강남구 신사동 626-79번지

주차시설 : 건물 맞은편 유료 주차(2,000원) 가능

* 두레국수 6,000원   * 비빔밥 6,000원
* 비빔국수 6,000원   * 콩국수(여름) 6,000원

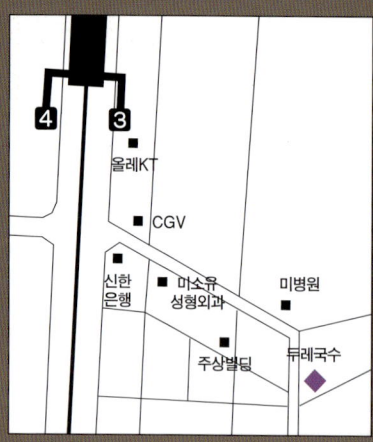

3호선 압구정역 3번 출구로 나와 CGV 건물 옆 골목으로 진입하여 골목 끝까지 직진한 후 길 따라 우측 방향으로 돌면 왼편에 〈두레국수〉가 위치해 있다.

5. 복진면

✦✦✦

 복어가 들어간 라멘이라니, 그 자체로 독특하게 느껴졌다. 라멘만 해도 얼큰하고 시원할 텐데, 복어까지 들어간다면 도대체 얼마나 더 얼큰하고 시원한 걸까? 그래서 한번 먹어나 보자 싶어서 들른 곳이 바로 〈복진면〉이었다. 모처럼 두근대는 마음을 안고 들어간 〈복진면〉은, 커다란 건물의 한 칸을 사용하고 있는 평범한 외양의 식당이었다. 굳이 따지자면 라멘집이라기보다는 복어 전문점이라고 하는 게 더 정확할지도 모르겠다.

 오전 11시가 조금 넘은 이른 시각에 갔더니, 이번에도 우리가 첫 손님이었다. 창가에 자리를 잡고 메뉴판을 펼쳐 보니 복어로 만든 여러 가지 음식들이 보였다. 하지만 우리는 누들로더가 아닌가! 나는 얼큰한 맛의 **후쿠핫라멘**을 선택했고, 중고나라 소심녀는 **후쿠지리라멘**을 골랐다.

 후쿠핫라멘은 나오자마자 매운 냄새로 내 코의 기를 한 풀 꺾어 놓았다. 그리고 거의 동시에 내 입꼬리는 흐뭇하게 올라갔으니……. 그래, 도전! 네가 이기나 내가 이기나 한번 해 보자고.

 후쿠핫라멘은 숙주와 미나리가 들어 있어서 더욱 시원했는데, 특제소스를 사용해서 우려냈다는 매운맛이 정말 얼큰하고 좋았다. 대구에서 시작해서 서울까지 입성했다는 명성답게 그 맛이 대단했다. 사실 나처럼 매운 음식

후쿠핫라멘 / 얼큰하고 시원한 매운맛으로 나를 사로잡았다.

을 좋아하는 사람에게 맞는 입맛을 찾기가 어려운 편인데, 〈복진면〉의 후쿠핫라멘은 일단 그런 면에서 합격이었다. 그래서 바로 SNS에 올렸더니, 그날로 한 무리의 직장인들이 바로 〈복진면〉에 들러서 먹어 보고는 감탄하는 해프닝까지 벌어졌다.

복어는 소스에 찍어 먹을 수 있고, 새우와 계란 반쪽도 들어 있어서 먹는 즐거움을 증폭시켜 주었다. 게다가 함께 나온 주먹밥은 포만감은 물론 풍족함까지 선사해 주었다. 나는 국수를 먹을 때 작더라도 주먹밥을 함께 주는 센스를 참 좋아한다.[01]

후쿠지리라멘은 시원하고 개운한 맛이었다. 아는 사람은 다 알겠지만, '지리'는 맑은 탕을 의미하는 일본어이다. 강한 맛을 좋아하지 않는다면 후쿠지리라멘을 먹어 볼 것을 권한다.

우리가 식사를 하는 동안, 11시 20분 무렵부터 손님들이 하나둘씩 들어와 슬금슬금 테이블을 채우기 시작했다. 가게 안이 복작복작해진 시각은 11시 40분경. 점심시간인 12시에는 아무래도 줄을 서야 식당으로 들어갈 수 있

---

01 이후 〈복진면〉에 다시 갔을 때는 주먹밥이 함께 나오지 않았다. 하지만 테이블에는 청양고추나 밥이 필요한 경우에 이야기하면 서비스로 준다는 안내문이 쓰여 있었다. 후쿠핫라멘을 먹고 조금 아쉬워 밥을 부탁해 보았더니 넉넉하게 가져다주셨다. "오옷, 너무 많이 주셨어요."라고 이야기하자, "많이 드세요!"라고 웃으며 대답하셨다. 결국 그 밥을 다 먹고야 말았다. 나는 여전히 위대하다.

으니, 일찍부터 서둘러 오는 듯했다. 나도 직장에 다닐 때는 맛있는 집에 갈 때면 눈치를 살짝 보면서 일찍 식사하러 나오곤 했다. 그 덕분에 점심시간이 점점 앞당겨지는 신기한 현상이 일어나기도…….

〈복진면〉에서는 복어구이나 복어꼬치도 먹어 볼 수 있다. 꼬치류를 참 좋아해서 꼬치 전문집이 점점 없어지거나 노쇠해짐을 슬퍼하던 참인데, 저녁에 꼭 한번 가서 술도 한잔 하면서 먹어 보고 싶다. 그때는 꼭 '친절한 번개'를 쳐야겠다. ◆

후쿠지리라멘 / 맑고 시원한 후쿠지리라멘은 강한 맛을 좋아하지 않는 분들께 추천한다.

복진면

영업시간 : 11:00~23:00
브레이크 타임 : 없음
휴일 : 특별한 경우 외에는 없음
전화 : 02-3473-7888
주소 : 서울시 서초동 1328-11번지 대우 도시에빛 2층

* 후쿠(복어)지리라멘 9,000원
* 후쿠(복어)핫라멘 9,500원

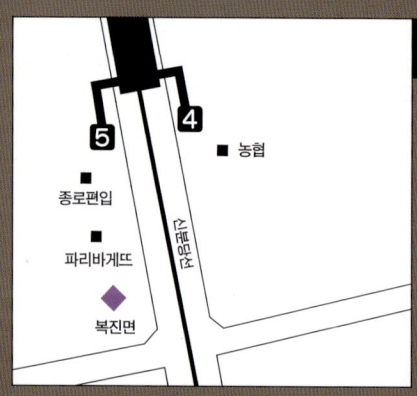

신분당선 강남역 5번 출구에서 50m 직진, 혹은 2호선 강남역 7번 출구에서 250m 정도 직진하면 서초 도씨에빛 빌딩이 있다. 그 2층에 〈복진면〉 간판을 볼 수 있다.

6. 소호정(笑豪亭)

✦✦✦

KBS에서 방영된 다큐멘터리 〈누들로드〉의 '아시아의 부엌을 잇다' 편을 보면, 유둣날[01] 쌀보다 일찍 수확이 되는 햇밀로 칼국수를 만들어 제사에 올리는 안동 반가의 풍경이 소개된다. 우리나라에서는 밀농사를 많이 짓지 않았기 때문에, 요즘과 달리 국수는 매우 귀한 음식이었다. 그러다가 한국전쟁 이후 미군에 의해 밀가루 원조를 받기 시작하면서 국수가 성행하게 되었고, 나라에서는 혼분식 장려운동까지 벌이게 되었다고 한다.

〈소호정笑豪亭〉은 바로 전통 '안동국시'를 맛볼 수 있는 곳이다. 1985년에 압구정동에서 처음 오픈한 이곳의 국수는 일반 칼국수보다 면이 좀 더 얇은 것이 특징이다.[02] 우리가 이것저것 물어 보자 직원분이 대답을 해주면서, 끝에 가서는 '대통령도 드셨던 곳'이라는 말을 여러 번 강조했다. 가게에 대한 자부심을 읽을 수 있었다.

메뉴판에 있는 식사는 딱 두 개뿐이었다. **국시**와 **국밥**이었다. 그래서 우리는 각각 하나씩 주문해 보기로 했다.

국시의 양이 꽤 푸짐해서 여자들은 넘치게 먹을 수 있는 데다, 고명으로 올라 있는 양지고기 역시 부드러웠다. 간간이 발견되는 고추로 매콤한 맛이

---

01 우리나라의 명절 가운데 하나로, 음력 유월 보름날이다. 신라시대 때 나쁜 일을 떨쳐 버린다는 의미로 흐르는 물에 머리를 감던 풍습에서 유래했다. 수단이나 수교위 등의 음식을 만들어 먹고, 농사가 잘되기를 비는 유두제를 지내기도 했다.
02 출처 : 소호정 홈페이지 http://www.sohojung.com/

더해졌고, 면은 야들야들하니 술술 넘어갔다. 함께 나온 깻잎절임은 너무 맛있어서 따로 구입해 가고 싶을 정도였다. 깻잎절임으로 국수를 살포시 싸 먹는 맛도 그만이었다.

국밥의 경우에는 콩나물이 많이 들어가서 얼큰했다. 안에 들어 있는 고기 역시 부드럽고 맛있었다. 다만 국수와 달리 밥공기가 작아서인지 양은 좀 아쉬웠다. 국밥은 팍팍 퍼먹어야 제맛인데……. 어렸을 때 본 사극에서는 남정네들이 주막에서 이렇게 외쳤다. "주모! 여기 국밥 한 그릇!" 그러고는 속된 말로 거의 흡입하듯이 퍼 먹는 장면들이 나오곤 했다. 그때는 그게 상당히 재밌었던지 혼자서 주모와 남정네 역할을 모두 맡는 1인 2역을 자처하여 주문도 하고 서빙도 하고 팍팍 퍼먹기도 하면서 식사를 마치곤 했다. 일명 주막놀이였다(나는 왜 밥을 그렇게 먹었을까?).

우리는 11시 30분쯤 만나 식사를 시작했는데, 얼마 지나지 않아 손님들이 어마어마하게 몰려 왔다. 주차장도 꽉 차서 그야말로 난리였고, 식당 안은 대기표를 받아 기다리는 손님들로 북적거렸다. 우리가 식사를 마치고 나온 시각이 12시 9분쯤 되었으니, 대단하다고 표현할 수밖에 없었다.

국시 / 양이 푸짐한 국시는 팍팍 퍼먹어야 제맛~

〈소호정〉 본점 옆에는 또 하나의 지점이 있는데, 이 두 가게는 국수 한 그릇을 먹기 위해 일부러 찾아 준 손님을 돌려 보낼 수는 없기에 번갈아 가면서 쉰다고 한다. 〈소호정〉이 있는 모든 지역에 매장을 두 군데씩 열 수 있는 건 아니겠지만, 이런 걸 보면 철학을 표현하는 방법으로 시스템이 사용되어야 한다는 것을 알 수 있다. 적어도 양재 쪽으로 가면 365일 언제나 〈소호정〉의 국수를 먹을 수 있다는 사실을 적극 알린다면, 다른 곳에서도 기어이 오시는 분들이 꽤 될 것이라고 생각한다. 단지 국수 한 그릇을 더 팔기 위함이 아니라 고객을 먼저 생각하는 그 마음이 소중하다. ♦

국밥 / 푸짐한 콩나물이 얼큰함을 더하고, 부드러운 고기가 맛을 더한다.

소호정(笑豪亭)

영업시간 : 11:00~21:00

브레이크 타임 : 없음

휴일 : 추석, 설날

전화 : 02-579-7282

주소 : 서울시 서초구 양재2동 392-11번지

주차시설 : 자체 주차장 있음

사이트 : http://www.sohojung.com

˙국시 9,500원

˙국밥 9,500원

- 3호선 양재역 5번 출구로 나가 버스정류장에서 '서초18번' 마을버스를 타고 구룡사거리 정류장에서 하차, 오던 방향으로 직진해서 길을 건너면 〈소호정〉이 위치해 있다.
- 신분당선 양재시민의 숲 3번 출구로 나와 직진하다 길을 건너 좌측에 있는 버스정류장에서 '서초09번' 마을버스를 타고 구룡사거리 정류장에서 하차한 다음, 오던 방향 쪽 대각선으로 길을 건너가면 〈소호정〉이 위치해 있다.

7. 낙지골

✦✦✦

칼국수는 칼국수인데 '낙지'칼국수라고 한다. 크게 다른 건 없으나, 송송 썰린 낙지가 들어간다는 것에 차이가 있다. 이곳은 낙지가 맛있기로 유명하다. 그래서 점심 메뉴로 간단하게 낙지로 육수를 내고 그 안에 몸통을 썰어 넣은 **낙지 칼국수**를 판매하는 모양이다. 정식 메뉴판에는 칼국수가 없지만, 가게 외부에는 대문짝만 하게 적혀 있다. 점심 손님들은 대부분 칼국수나 비빔밥 중에서 하나를 시켜 먹는다.

〈낙지골〉의 주인아주머니는 목포가 고향이라고 했다. '목포' 하면 또 낙지가 유명하지 않은가. 현재는 아들에게 물려 주었다고 하니 2대째 운영을 이어가고 있는 셈이다.

이날은 유난스럽게도 차를 몰고 갔다. 국수를 먹고 나서 멀리 갈 일이 있어서 어쩔 수 없이 차를 가지고 나간 것이다. 가게 앞에 너덧 대가량 주차할 수 있는 공간이 있다는 사전지식을 얻은 터였다. 하지만 이른 점심 무렵에 갔는데도 차를 세울 곳이 마땅치 않았다. 다른 차들 앞에 대충 세운 채 중고나라 소심녀를 기다리고 있는데, 마침 수산물 트럭이 나가는 것이 보였다. 그래서 얼른 내 차를 밀어 넣었다.

반찬으로는 무생채와 김치가 단출하게 나왔다. 내 경우에는 신김치, 심지어

낙지 칼국수 / 매콤한 국물 안에든 송송 썰린 낙지와 탄탄한 면발이 씹을수록 깊은 맛을 낸다.

는 시어 빠졌을지언정 푹 익은 김치를 좋아해서 약간 덜 익은 듯한 김치보다는 무생채 쪽이 더 나았다. 반면에 중고나라 소심녀는 김치가 너무 맛있다고 감탄했는데, 가게에서 김치를 팔면 사서 가기라도 하겠다는 기세였다. 계산을 하면서도 김치를 직접 담그시냐고 물을 정도였다. 그랬더니 하늘에서 떨어졌다는 아리송한 대답이 돌아왔다. 지금도 그게 무슨 의미인지는 알 수 없다.

우리는 바로 칼국수를 시켰는데, 면을 뽑는 중이라 시간이 걸린다고 해서 조금 더 기다려야 했다. 국물의 첫인상은 '매콤하다'였고, 칼국수치고는 맛이 깔끔했다. 면도 푹 익히지 않아서 탄탄했다. 낙지는 잘게 썰린 애들로 조금 맛볼 수 있었는데, 꼼꼼히 씹어 먹으니 꽤나 맛있었다. 낙지가 비싸서인지 6,000원짜리 칼국수에는 조금밖에 들어가지 않아서 아쉬울 따름이었다. **연포탕**이나 **낙지볶음** 등을 먹으면 정말 맛있겠다는 생각밖에 들지 않았다. 하지만 우린 누들로더야, 낙지로더가 아니라고(이럴 줄 알았으면 씨푸드로드를 기획하는 건데……. 그런데 먹는 비용이 어마어마하겠군. 쩝, 바로 포기).

낙지가 조금 들어 있는 칼국수를 아쉬워하며, 지금도 혼자서 이런 생각을 해 본다. 설렁탕집에는 가격이 조금 더 비싼 '특 설렁탕'이 있지 않은가. 마찬가지로 '특 낙지 칼국수'를 하나 더 만들어서 낙지의 양을 늘려 주는 거다. 그러면 점심시간부터 본격 낙지 요리를 먹기에는 부담스러운 사람들 중에서는 낙지가 유난히 끌리는 날이면 특 낙지 칼국수를 찾는 경우도 있지 않을까? 나 같으면 그러겠다. 사실 주방에서 해야 하는 프로세스가 추가되는 것도 아니고, 그저 낙지를 더 넣기만 하는 거라서 문제는 없어 보인다.

맛있게 칼국수를 먹고 있자니 전화벨이 울렸다.

"여보세요?"

"○○○○ 차 주인 되시죠? 어디 오신 거예요?"

중고나라 소심녀가 마음에 쏙 들어 한 김치.

"〈낙지골〉에 와서 밥 먹고 있는데요?"

"아, 네. 맛있게 드세요!"

엉뚱한 차가 세워져 있는 줄 알고 가게에서 전화한 것이었다. "저 여기 있어요!"라며 손 한번 가볍게 흔들어 주고는 다시 고개를 처박고 먹기를 계속했다. 역시 강남은 차를 가져올 곳이 못되었다. 다음부터 강남권 누들로드에는 차를 갖고 다니지 않으리라. ◆

낙지골

영업시간 : 10:00~22:00

브레이크 타임 : 없음

휴일 : 없음

전화 : 02-546-0131

주소 : 서울시 강남구 삼성동 76-5번지

주차시설 : 가게 앞 4~5대 주차 가능

* 낙지 칼국수 6,000원
* 비빔밥 6,000원

- 도보 : 삼성역 6번 출구로 나와서 코엑스를 지나 길을 건너 조금만 더 직진하면 대로변에〈낙지골〉이 위치해 있다. 약 700m 정도 걸어야 한다.
- 버스 : 삼성역 7번출구로 나와 4419버스를 타고 삼성치안센터 정류장에서 하차하면 건너편 쪽에 위치한 것이 보인다.

8. 샘밭막국수

✦✦✦

조심스럽게 고백하자면, 나는 '서울 촌놈'이다. 아니, 촌년인가…….
아무튼, 그래서 제대로 된 막국수를 먹어 보지 못했다. 이상하게 '막국수'
라고 하면 야식으로 시켜 먹는 족발에 딸려 나오는 불어 터진 국수나(죄송
해요, 이런 걸 떠올려서) 쟁반 막국수의 이미지만 떠오른다. 그래서인지 매
콤하고 새콤한 소스가 듬뿍 담긴 쟁반에 면을 거의 말아서 먹는 스타일의
막국수가 내 머릿속을 지배하고 있었다.
하지만 이번에 〈샘밭막국수〉에서 먹어 본 건 그 모양새부터 달랐다. 춘천에
본점을 두고 있는 이곳은 교대역 근처에 지점을 하나 두고, 2011년 5월 올
림픽공원 근처에 지점을 하나 더 오픈했다. 모든 재료는 본점에서 공수해
온다고 했다.
테이블에 앉으니 찌그러진 주전자에 면수를 담아서 내어 주었다. 엄청 고
소하고 시원했다. 여기서 시원하다고 함은 차가운 게 아니라 뜨거워서 시
원하다는 것을 의미한다. 그래서 홀짝홀짝 마시고 있자니 그저 행복하기만
했다. 우리 집에서 먹는 물이 이것이었으면 좋겠는데, 국수를 삶아 낸 물이
매일 있을 수는 없겠지…….
우린 **샘밭정식**과 **막국수**를 하나씩 시켰다. 샘밭정식에는 양이 조금 적은
막국수 한 그릇에다 보쌈과 작은 녹두전이 딸려 나왔다. 아, 내가 좋아하는

샘밭정식 / 샘밭정식을 시키면 보쌈과 녹두전까지 맛볼 수 있다.

보쌈! 아주 고소하지는 않았지만, 괜찮은 맛이었다. 하지만 나는 이를 악물고 중고나라 소심녀에게 한 점을 양보해야 했다. 둘이 갔는데 다섯 점이 나오다니, 이럴 때는 정말 애매하다. 이런 상황을 한두 번 만나는 것도 아닌데, 매번 적응하기 힘든 이유는 뭘까?

보쌈을 아껴 먹고 있을 즈음 막국수가 나왔다. 어라, 국물이 하나도 없었다. 이것이 막국수인가? 막 먹으라고 막국수인 건가? 그런 것치고는 너무 우아한 자태인데……. 실제 막국수의 의미는 '막 부서져서 막 먹는 국수'라고 한다. 원래는 칼국수처럼 칼로 납작하게 썰어 먹는 국수였는데, 기계가 발달하면서 오늘날과 같은 모습으로 자리 잡은 것이다. 메밀로 국수를 만들었으니 얼마나 잘 부서졌을까? 까딱하면 숟가락으로 퍼먹어야 됐을지도…….

막국수 / 참기름과 김가루가 들어서 더욱 담백하고 고소했다.

지금 와서 하는 이야기지만, 중고나라 소심녀는 누들로딩 중에 결혼을 하고 임신까지 했다. 그런데 녹두는 몸을 차갑게 하는 음식이라서 임신 중에는 먹으면 안 된다고 한다. 문제는 중고나라 소심녀가 녹두전을 굉장히 좋아한다는 것이었다. 나는 녹두전을 그리 좋아하지 않아서 그쪽으로는 젓가락이 가지 않아 많이 남겼는데, 중고나라 소심녀는 "빨리 다 먹어!"라며 소리쳤다. 쳇, 자기가 먹고 싶은 욕망을 왜 나한테 퍼붓고 난리인가.

샘밭정식으로 나오는 막국수는 말했다시피 양이 조금 더 적었다. 결국 먹다 보니 이미 막국수 한 그릇에다 보쌈 두 점, 그리고 작은 사이즈이긴 하지만 녹두전까지 반이 넘게 해치우고 있었다. 1인분을 넘어서는 나의 식사량……,

막국수는 맛이 강하지는 않았지만, 고소하고 담백한 맛이 은은하게 퍼지

는 게 일품이었다. 함께 들어간 참기름과 김가루 맛이 더해져 멋진 조화를 이루었다. 너무 맛있어서 춘천에 있다는 본점으로 막국수를 먹으러 가고 싶다는 욕망이 불끈 치솟을 정도였다. 아, 춘천행 전철(사실 역에서 더 들어가야 하기 때문에 전철과는 상관없다)도 뚫렸는데……

막국수를 먹고 있자니 주전자를 또 하나 가져다주었다. 뚜껑을 열어 보니 살얼음을 동동 띄운 동치미 육수가 들어 있었는데, 소고기 육수를 섞은 것이라고 했다. 막국수를 어느 정도 먹은 다음에 이 동치미 육수를 부어 먹으니 또 다른 맛이 났다. 은은한 가운데 소고기의 감칠맛이 더해져서일까? 어쩐지 나는 이 맛이 더 좋았다.

원래 막국수는 '김칫국물이나 육수에 말아 먹기도 하고, 고춧가루로 만든 양념장을 넣어서 비벼 먹기도 하는' 것이라니, 두 가지 맛을 동시에 즐길 수 있는 명랑한 음식임에는 틀림없다. ◆

샘밭막국수

영업시간 : 11:00~23:00

브레이크 타임 : 없음

휴일 : 특별한 경우 외에는 없음

전화 : 02-585-1702

주소 : 서울시 서초구 서초동 1667-8

* 막국수 7,000원
* 녹두전 9,000원
* 곱빼기 9,000원
* 감자전 9,000원
* 샘밭정식 12,000원

2호선 교대역 1번 출구로 나와서 세 번째 골목으로 우회전해서 직진하면 오른편에 위치해 있다.

중구 편

안동장(安東莊)

개화(開花)

우래옥(又來屋)

일류분식

한순자 손칼국수

할머니국수

명동교자

오장동 흥남집

오장동 함흥냉면

오장동 신창면옥

거제식당

중구는 과거 사대문 안에 있던 지역이다. 요즘이야 사대문 안이든 밖이든 큰 의미는 없지만, 한국전쟁 직후에는 조선시대처럼 사대문 안에서 경제가 크게 활성화되었던 것 같다. 그래서 중구 지역에 오래된 음식점들이 많이 모여 있는 게 아닐까?

실제 그런 음식점들의 역사는 대개 50~60년 정도로, 대부분 한국전쟁 이후에 생겨나서 지금까지 이어져 오고 있다. 그리고 전쟁 이후 미국에서 밀가루를 원조하면서 국수류를 더 많이 팔 수 있었던 것으로 보인다. 그렇게 살아남은 음식점들은 이제 서서히 신시가지인 강남과 홍대 등으로 분점을 내면서 뻗어 나가고 있다.

여기까지 유추하면서 나름 일종의 '발견'이라고 좋아했는데, 생각해 보니 그리 대단한 발견을 한 것은 아닌 듯하다.

1. 안동장(安東莊)

✦✦✦

〈안동장安東莊〉은 1948년에 오픈한 중국집으로, 60년의 세월을 뛰어넘어 지금까지도 꾸준히 사랑받고 있다. 요즘 중국집이 중국요리 전문점이라고 불리면서 세련된 인테리어로 거듭나고 있는데 반해, 〈안동장〉은 옛날 중국집 모습을 많이 간직하고 있는 편이다. 매장 안에는 오픈 당시에 사용하던 간판이 상장처럼 걸려 있다. 나는 완전한 '환골탈태'보다는 옛 모습을 간직한 상태에서 '업그레이드'되는 편이 더 좋다고 생각하는 사람 가운데 하나다.

이곳의 손님들은 익숙한 듯이 음식을 주문하고 나면 재빠르게 한 그릇 후루룩 먹고 나갔다. 우리보다 늦게 음식을 주문한 옆자리의 남성분 역시 눈 깜짝할 사이에 그야말로 '흡입'을 하시고는 유유히 사라졌다.

〈안동장〉은 2, 3층까지 함께 사용하고 있었다. 식사를 하는 동안에도 예약 전화가 심심치 않게 걸려 왔다. 60년을 이어 온 역사답게 매우 안정되어 있어서, 따로 마케팅을 하지 않아도 저절로 운영이 되는 것 같았다. 우리처럼 소문을 듣고 마치 성지순례를 하듯이 찾아오는 경우도 많을 테고 말이다. 그러나 자만하지는 않는 듯, 가게는 전체적으로 깔끔했다. 유별나게 친절하지는 않았지만, 그렇다고 신경을 안 쓰는 것도 아니었다. 토끼해에 걸맞게 입구도 토끼 장식으로 꾸며 놓은 모습이 뭔가 계속해서 변화하고 있다는

01 〈안동장〉을 방문한 2011년은 신묘년 토끼해였다.

굴짬뽕 / 매운맛 매니아에겐 다소 약하지만 담백하고
푸짐하고 맛있는 짬뽕임에는 틀림없다.

느낌을 주었다. 60년이 아니라 6개월이 된 가게라 해도 안일함에 젖어 버리면 대번 알아차릴 수 있는 법이다. 그런가 하면 이곳의 경우에는 계속 신경 쓰고 있다는 인상을 주는 곳이다. 제대로 된 가게란 이런 것이 아닐까 싶기도 하다. 계속 조이고 기름 치고 상황에 따라 조금씩 변화를 주면서 부족함을 메워 나가는 가게 말이다.

우리가 먹은 건 **짜장면**과 **굴짬뽕**이었다. 〈안동장〉은 굴짬뽕이 특히 유명하다. 굴짬뽕은 매운 것과 맵지 않은 것이 있었는데, 나는 당연히 매운맛을 선택했다. 하지만 그다지 맵지는 않았다. 글쎄, 난 늘 매운 것을 선택하면서도 생각보다 맵지 않음에 놀라곤 하니까……. 대한민국 식당에서 판매하는 매운 음식의 평균은 매운맛 마니아의 입맛을 만족시키지 못하는 것 같다. 하지만 뭔가 담백한 맛이 난다고 할까? 죽순의 맛이 짬뽕과 잘 어우러져 있었다. 짬뽕에 들어가는 식재료들이 풍부해서 주먹밥이 따로 나오지 않아도 풍족하게 식사할 수 있었다.

짜장면의 경우에는 오히려 평범한 편이었다. 우리나라의 짜장면은 보통 굵은 밀국수를 삶은 뒤 여러 가지 채소와 돼지고기를 기름에 넣고 볶다가 춘장을 넣고 맛을 낸 걸쭉한 양념을 넣어서 비벼 먹게 되어 있다. 하지만 본디 짜장면은 중국 산둥(山東) 반도에서 유래한 음식으로, 볶은 면장을 얹은 국수인 '차오장멘(炒醬麵)'이 그 시조이다. 면장은 한국 음식으로 치자면 된장과 비슷한 것으로, 집집마다 맛이 다 다르다고 한다.

〈SBS 스페셜〉에서 방영된 '짜장면의 진실' 편에 의하면, 1883년에 인천항이 개방되고 중국인 노동자들이 많이 들어오면서 그들을 위한 중국 음식점들이 생겨나기 시작했다고 한다. 그 과정에서 중국의 면장을 한국 사람들의 입맛에 맞게 조리한 것이 바로 짜장면이라고 한다. 당시 대부분의 중국집에서 팔았다고 하니, 짜장면의 원조로 알려진 '공화춘'도 알고 보면 그

중의 하나였을지도 모른다. 중국의 면장은 한국으로 넘어오면서 캐러멜이 첨가되어 검은색을 띤 지금의 춘장으로 발전했다고 한다. 색이 검지 않으면 오히려 잘 팔리지 않았다고 하니, 참 재미있는 사실이다.

짜장면은 1960~1970년대에 펼쳐진 분식장려운동[02] 덕분에 서민 음식으로 널리 자리 잡게 되었다. 〈안동장〉의 짜장면은 그 역사를 고스란히 간직하고 있는 유서 깊은 음식이라고 할 수 있다. ◆

02 1960년대 당시 우리나라는 심각한 식량난을 겪었는데, 부족한 쌀 생산량을 메우기 위해 미국에서 잉여 농산물인 밀가루를 원조받으면서 시작되었다. 당시 국가적 차원에서 밀가루 소비를 적극 권장하여, 면류는 물론 빵과 과자류에 이르기까지 분식이 급속도로 증가했다.

안동장(安東莊)

영업시간 : 11:30~21:30

브레이크 타임 : 없음

휴일 : 명절

전화 : 02-2266-3814

주소 : 서울시 중구 을지로3가 315-18번지

주차시설 : 가게 앞 대로변에 공영 주차장이 있음. 7시 이후에는 무료 주차 가능

˙짜장면 4,500원 ˙간짜장 6,000원
˙짬뽕 6,000원 ˙송이짬뽕 8,000원
˙굴짬뽕 8,000원

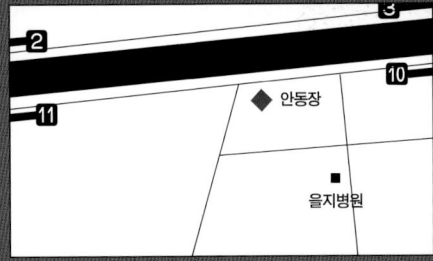

2호선 을지로3가역 11번 출구 혹은 3호선 을지로3가역 10번 출구로 나와서 직진하면 대로변에 위치해 있다.

2. 개화(開花)

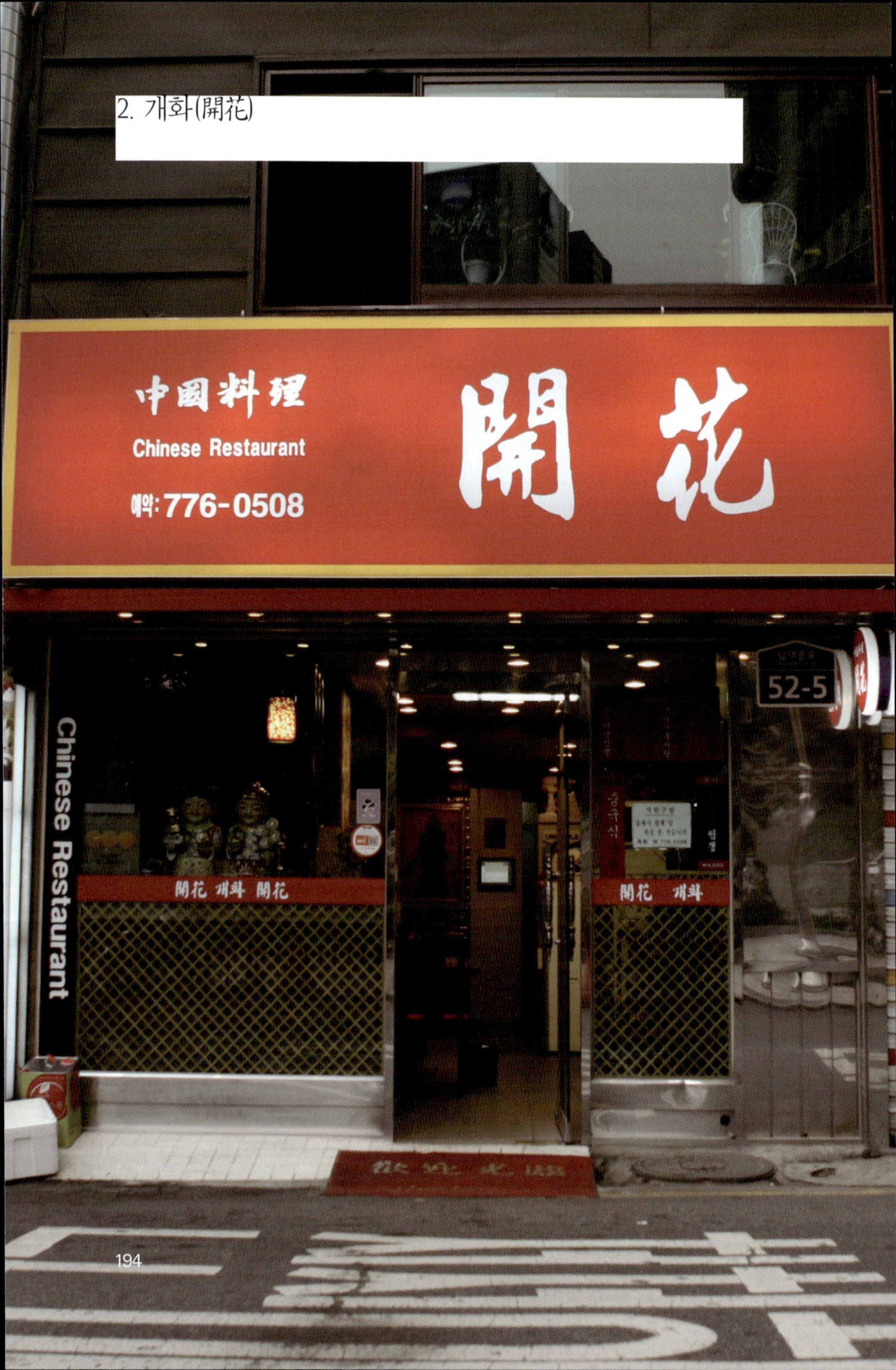
中國料理
Chinese Restaurant
예약: 776-0508
開花
Chinese Restaurant
開花 개화 開花
開花 개화
52-5

✦✦✦

〈개화開花〉는 을지로의 중국인 거리에 위치한 중국요리 전문점이다. 이 거리에는 〈개화〉 외에도 많은 중국집들이 몰려있다. 근처에 중국대사관과 화교학교 등이 자리 잡

고 있다 보니 아무래도 중국인들이 많이 지나다녔을 테고, 그 덕분에 그들이 필요로 하던 상점들이 크고 작게 만들어지지 않았을까 싶다. 당연한 말이지만, 돈이 될 것 같은 아이템에 몰리는 것은 예나 지금이나 똑같으니까 말이다.

〈개화〉는 **짜장면**과 **군만두**가 유명한데, 특히 짜장면의 고소하고 부드러운 면이 일품이다. 그래서일까? 비비다 보니 면들이 한꺼번에 딸려서 올라왔다. 아마도 태어날 때부터 입이 커 '메기'라 불리던 내 남동생이라면 그냥저냥 한 젓가락에 끝낼 수 있을 듯했다(미안하다, 동생아. 지금은 입이 커 보이진 않잖니).

짜장면 / 오이나 완두콩 같은 토핑은 없지만, 면이 유독
고소하고 부드러운 것이 특유의 매력이다.

〈개화〉의 짜장면에는 건더기가 별로 없었다. 오이나 완두콩 같은 토핑도 없었다. 하지만 부드럽게 넘어 가는 것이 그만의 매력으로, 정말로 급할 때는 라면보다 더 빨리 먹을 수 있을 것 같았다. 라면은 뜨거우니까 빨리 먹어도 한계가 있지 않은가.

군만두를 시키니 가위를 함께 내주었다. 짜장면을 자르라고 주는 건가 싶어서 물어 보니, 군만두를 잘라 먹으라고 하면서 "짜장면도 잘라 드셔도 돼요."라고 했다. 하기야 내가 짧게 잘라 먹고 싶으면 잘라 먹는 게지. 하지만 가위를 주는 중국집은 처음이었다. 아마도 다양한 손님들을 대하면서 만들어진 이곳만의 문화이리라.

뜨거운 군만두가 나오자, 우리는 가위로 반을 잘랐다. 누구에게서 시작되었는지는 모르지만, 역사는 이렇게 이어진다. 김이 솔솔 나는 만두의 반을 가르니 채소가 듬뿍 든 만두소가 보였다. 한입에 쏙 들어가는 크기로 잘라서 먹었다. 맛있었다.

〈개화〉에서 식사를 마치고 나와 중국인 거리를 걸어 다녔다. 다양한 가게들이 줄지어 있었는데, 그중에서 월병을 판매하는 〈도향촌〉이라는 곳이 눈에 띄었다. '그래, 오늘 먹은 건 겨우 짜장면 한 그릇과 군만두 한 접시였어. 월병 하나를 더 먹어도 그리 과하진 않을 거야.' 이렇게 스스로 최면을 걸면서 나는 이미 가게 안으로 들어가고 있었다.

중국에는 음력 8월 15일에 이 월병을 주고받으면서 서로의 행복을 빌어 주는 관습이 있다고 한다. 나는 스스로에게 월병을 선물하면서 행운을 빌었다. 이국적인 중국인 거리를 걸으며 예전의 모습을 상상해 보았다. 지금도 그렇

군만두 / 짜장면보다 더 비싼 군만두. 하지만 그 맛 또한 짜장면보다 나을지도.

지만, 서민들이 살아가는 방식은 항상 치열하다. 그들이 치열하게 자신들의 거리를 만들고 돈을 벌어 자식들을 키웠을 거라고 생각하니, 가슴 한편이 괜히 찌릿해져 왔다. ◆

월병 / 중국에서는 중추절인 음력 8월 15일이 되면 밤하늘의 둥근 달처럼 모든 일이 원만하게 이루어지기를 기원하면서 둥근 모양의 제시 음식을 먹었는데, 이것이 월병을 주고받는 풍습의 기원이라고 한다.

개화(開花)

영업시간 : 11:30~21:30
브레이크 타임 : 없음
휴일 : 짝수 일요일
전화 : 02-776-0508
주소 : 서울시 중구 명동2가 107번지
주차시설 : 없음. 맞은편 우체국 주차장 이용 가능(30분 무료)

* 짜장면 4,000원
* 유니짜장면 5,000원
* 짬뽕 5,000원
* 굴짬뽕 7,000원
* 군만두 5,000원

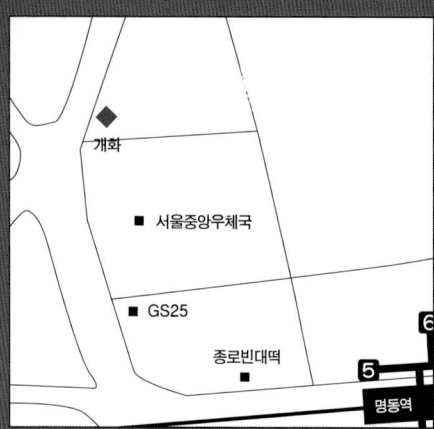

4호선 명동역 5번 출구로 나와 길 따라 U자 형태로 쭉 따라가면 서울중앙우체국이 나오고 조금만 더 직진하면 길 건너에 〈개화〉가 보인다.

3. 우래옥(又來屋)

✦✦✦

　　1946년에 오픈한 〈우래옥又來屋〉은 평양냉면계의 식당들 가운데 '4대 천왕'의 하나로 손꼽히는 곳이다. 우리는 11시 20분쯤 을지로4가역 쪽에 있는 본점에 도착했다. 11시 30분부터 문을 연다고 했지만, 워낙 유명한 곳이어서 벌써 손님들이 북적거리고 있었다. 가게 안에는 작은 카페가 마련되어 있는데, 어르신들이 그곳에 앉아 대기하고 계셨다. 마치 언제나 그래왔다는 듯이.

가게 안을 기웃거리고 있자니, 곧 직원들이 하루의 시작을 알리면서 우리를 위층으로 안내해 주었다. 우리는 사람들이 가는 방향으로 이끌려 2층으로 올라갔는데, 마치 백화점에서 처음 입장하는 손님에게 직원들이 주르르 서서 인사하듯이 〈우래옥〉의 직원들도 일렬로 쭉 서서 인사하고 있었다. '난 그저 냉면 한 그릇 먹으러 왔을 뿐인데……'라는 생각도 들었지만, 나름 재미있는 경험이었다. 〈우래옥〉의 냉면은 다른 곳에 비해 가격대가 높은 편인데, 그 속에 서비스 가격도 포함되어 있는 것일까?

우리는 **전통 평양냉면**과 함께 **김치말이냉면**도 한번 시켜 보기로 했다. 김치말이냉면이 먼저 나왔는데, 면 밑에 밥이 말아져 있었다. 곧이어 나온 평양냉면의 육수를 한입 떠먹어 봤는데 정말 맛있었다. 김치말이냉면보다도 훨씬 맛있었다.

'우래옥(又來屋)'은 '다시 돌아온 집'이라는 뜻이다. 처음 서울에 자리를 잡았다가 한국전쟁 때 부산으로 내려가서 영업을 계속하더니 전쟁이 끝난 후 다시 서울로 돌아왔다고 해서 붙여진 이름이라고 한다. 평양냉면 전문점답게 현재 이곳은 실향민들이 자주 찾는 아지트가 되었다. 그래서인지 가게 입구에는 실향민을 위한 신문도 비치되어 있다.

음식을 맛있게 먹고 내려오니, 처음 도착했을 때는 여유 있던 주차장이 꽉 차 있었다. 서울 한복판에 그렇게 큰 주차장을 별도로 보유하고 있는 식당도 별로 보지 못한 것 같다.

그래도 주차장이 갖춰져 있으니 언제든지 차를 가져와도 되겠다는 생각이 들어, 몇 달이 지난 후 이번에는 차를 끌고 〈우래옥〉을 다시 찾았다. 그런데 을지로 일대에 일방통행 구간이 많은 탓에 〈우래옥〉으로 들어가는 작은 골

김치말이냉면 / 국수 면 밑에 밥이 말아져서 더욱 든든하게 먹을 수 있다.

목을 찾지 못해서 그 주변을 얼마나 돌아야 했는지 모른다. 이번이 마지막이라는 생각으로 차에 부착되어 있는 네비게이션은 물론 스마트폰을 이용한 폰 네비게이션까지 켜고 촘촘히 다가가서야 겨우 도착할 수 있었다. 강남권에서 누들로딩을 할 때도 차로 이동하는 것은 무리였는데, 중구도 만만치 않다는 걸 확실히 깨달은 날이었다.

여하간 넓은 주차장 덕분에 쉽게 주차를 한 뒤, 곧이어 평양냉면 한 그릇을 비울 수 있었다. 역시 맛있었다. 이날 **전통 비빔냉면**을 도전 삼아 먹어봤는데……. 앞으로는 계속 평양냉면만 열심히 먹기로 했다. 기분 좋은 날에는 불고기도 한번 구워 먹어 봐야겠다. 옆 테이블에서 냄새를 풍기며 고기를 구워 먹는데, 나도 모르게 "저기요."를 외치면서 주문할 뻔했다.

나는 이제 서울에서 맛있는 집을 소개해 달라는 말을 들으면 으레 〈우래옥〉을 추천해 주고 있다. ◆

전통 평양냉면 / 육수에서 고기의 맛이 강하게 풍기는 것이 내 입맛에 잘 맞아서 계속 손이 갔다.

우래옥(又來屋)

영업시간 : 11:30~21:30

브레이크 타임 : 없음

휴일 : 월요일

전화 : 02-2265-0151

주소 : 서울특별시 중구 주교동 118-1번지

주차시설 : 자체 주차장이 있음

* 전통 평양냉면 11,000원
* 전통 평양비빔냉면 11,000원
* 김치말이냉면 11,000원

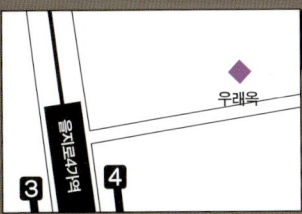

5호선 을지로4가역 4번 출구로 나와서 바로 보이는 골목으로 우회전해서 들어가면 왼편에 〈우래옥〉 건물이 보인다.

4. 일류분식

✦✦✦

　　남대문 시장에 대한 나의 첫 번째 기억은 '아동복'과 관련이 있다. 지금이야 내 또래 여성들의 평균 키 정도 되는 '아담 사이즈'(라고 주장하)지만, 초등학교 고학년 때는 큰 키를 소유하고 제법 괜찮은 성장수치를 기록하는 아이였다(결론적으로 말하면 초등학교 고학년 때의 키가 지금 키와 비슷하다).

어린이 사이즈는 맞지 않고 청소년 사이즈를 입히기는 꺼림칙했던지, 엄마는 당시 나의 신체조건에 맞는 옷을 사 주기 참 어렵다고 줄곧 말씀하시면서 나를 앞세워 아동복이 엄청 많은 남대문 시장으로 출동하시곤 했다. 중학교에 올라가고 나서부터는 그럭저럭 옷을 사서 입힐 수 있었던 모양인지, 그 후로는 남대문 시장에 들른 적이 거의 없다.

그리고 일 년 전쯤 갈치조림을 먹겠다고 시장을 다녀간 뒤, 이번에는 쫄면을 먹겠다면서 다시 남대문 시장을 찾았다. 어쩐지 세상은 먹는 것으로 연결되는 기분이 든다.

우리나라 최대 규모의 시장인 만큼 회현역에서부터 그 열기가 고스란히 느껴졌다. 24시간 운영을 하는 분식점인 〈일류분식〉은 오전 11시에도 이미 활기가 넘치고 있었다. 시장 안에 있는 식당이 아니었다면 '손님 대접이 뭐가 이러냐'라며 속으로 꽁알거렸을 테지만, 남대문 시장의 세계 속으로 진입한 나에게는 그것이 하나의 문화로 받아들여졌다.

오히려 전반적인 시장의 문화는 그래야만 하는 것이며, 그 안에 있는 식당 또한 예외가 있어서는 안 된다는 것이 나의 생각이다. 생각해 보면 문화라는 것은 단독으로 이루어지지는 않는 듯하다. 큰 흐름에 속하는 하나의 점이 되거나 다른 점들과 연합하여 선보이고 주목을 받을 때에야 비로소 사람들이 자연스럽게 체험할 수 있는 하나의 공간으로 무르익는 것이 아닐까? 〈일류분식〉은 그렇게 시장의 축소판과 같은 모습으로 다가왔고, 나는 그 속에서 시장만의 문화에 흠뻑 젖은 채로 한 그릇의 **쫄면**을 먹으며 즐거워할 수 있었다.

잘되는 식당은 아무리 공간이 작아도 직원들이 많게 마련이다. 테이블 회전율이 높으니 그만큼 비움과 채움을 담당해야 할 손길도 많이 필요하기 때문이다. 〈일류분식〉 역시 공간의 규모에 비해 직원이 많았는데, 그들의 동선이 매우 짧고 각자 하는 일이 특화되어 있다는 점이 재미있었다. 주문 받는 사람, 면 삶는 사람, 면을 받아서 조리하는 사람, 설거지하는 사람, 계산하는 사람, 치우는 사람⋯⋯. 그것도 순서대로 자리를 잡고 있어서 이동하느라 소비하는 시간을 아낄 수 있는 만큼 빠르게 음식을 제공하거나 자리를 정리하고 있었다.

옛날에는 국수가 참 귀했다지만, 현대에 와서는 '스피드'를 상징하는 음식이기도 하다. 빠르게 조리되고 빠르게 먹을 수 있는 음식이기 때문이다. **김밥** 역시 마찬가지다. 재료만 준비해 두면 언제라도 즉석에서 빠르게 만들어 내

쫄면 / 텁텁하지 않고 산뜻한 매콤함이 마음에 쏙 들었다.

놓을 수 있다. 그런 면에서 〈일류분식〉은 면과 김밥으로 승부하는 아주 멋진 구조를 선보이고 있었다. 물론 식당 밖에 놓여서 지나가는 사람들을 호객하는 **떡볶이**와 **튀김**도 무시할 수 없지만, 어차피 이들도 모두 '스피드'를 자랑하는 음식인 것은 마찬가지이다.

아이쿠, 정작 쫄면에 대한 이야기는 별로 하지 못한 것 같다. 면을 담당하는 직원이 쫄면을 쫄깃쫄깃하게 삶아 주자, 비빔을 담당하는 직원이 쫄면을 잘 비벼서 내어 주었다. 쫄면을 잘 비비는 것도 일인데, 전문가의 손길로 비벼 준다니 그저 고마울 뿐이었다. 내가 먹어 본 많은 쫄면들은 텁텁한 양념 맛이 났던데 반해 〈일류분식〉의 쫄면은 산뜻한 매콤함과 새콤함이 특색 있었다. 참 사랑스러운 맛이었다.

김밥도 시켰는데, 한 줄씩은 따로 팔지 않고 무조건 두 줄씩 판매하고 있었다. 하지만 우리는 점점 위대해지고 있으니 충분히 먹을 수 있을 것 같아서 주문을 했다. 역시 쫄면과 함께 먹는 김밥은 맛이 좋았다. 쫄면을 먹으면서도 옆에 있는 떡볶이에 자꾸 눈길이 가는 것이 한 접시 먹고 싶은 마음이 굴뚝같았다. 그래도 둘이서 김밥 두 줄에 쫄면을 먹고 떡볶이까지 먹겠다는 건 죄악인 듯해서 다음 기회로 미루었다.

하지만 아직 디저트가 남아 있다는 것! 어릴 때의 기억을 더듬어 보면 시

두줄이 기본인 김밥은 우리를 더욱 위대하게 만들었다.

장 길거리에서 리어카에 준비해 둔 커피를 파는 사람들이 많았던 것 같아서, 모처럼 길거리표 아이스커피를 마셔 보기로 했다. 가끔은 이렇게 주문 맞춤형인 달달한 길거리표 아이스커피가 그리운 법이다. 시장 어디에서나 쉽게 찾을 수 있을 거라고 생각했는데, 의외로 잘 보이지 않았다. 초미니 사이즈의 테이크아웃 커피 전문점들이 더 많이 눈에 띄었다. 아마도 시장 환경의 정리를 위해 대부분 가게 안으로 들어간 모양이었다.

골목을 몇 개나 돌았을까, 드디어 한 할머니가 끌고 계신 커피 리어카를 발견할 수 있었다. 우리는 묻지도 따지지도 않은 채 아이스커피를 주문했다.

"어떻게 타 줄까?"

"달달한 다방 커피로요!"

"커피는 달달한 게 최고지. 허허."

그런데 커피를 파는 리어카를 찾아 헤매다가 어느 가게에 냉면 그릇이 수북이 쌓여 있는 모습을 목격했다. 그곳 역시 유명한 가게로, 어떤 메뉴를 시키든지 냉면 한 그릇을 서비스로 준다고 했다. '다음 목적지는 저 곳이다.'라고 생각하면서, 아이스커피를 마신 후 남대문 시장을 빠져 나왔다. ♦

일류분식

영업시간 : 24시간
브레이크 타임 : 없음
휴일 : 없음
전화 : 02-776-1946
주소 : 서울시 중구 남창동 44-6번지
주차시설 : 없음

* 김밥 2줄 4,000원
* 쫄면 4,500원

4호선 회현역 6번 출구로 나와서 남대문 시장으로 들어가면 오른편에 〈일류분식〉 건물이 있다.

5. 한순자 손칼국수

✦✦✦

　　남대문 시장에서 냉면 그릇이 엄청나게 쌓여 있는 모습을 보고 찾아간 곳이 바로 〈한순자 손칼국수〉였다. 가게 안이 완전히 봉쇄된 듯 보이는 철통수비의 냉면 그릇 산성……. 그것은 효율성을 위한 측면도 있었겠지만 마케팅 효과도 훌륭하게 겸하고 있었다. 조금 더 생각해 보니 그것은 벽의 역할까지 해내고 있었다.

이미 오래전부터 유명했던 곳이지만, 어차피 세상은 넓고 맛있는 곳도 많은 법이다. '처음부터 맛있는 곳에 대한 정보를 꿰차고 태어난 이가 어디 있을까? 이러면서 하나하나 알아 나가는 거지……'라고 변명부터 한 보따리 풀어내 놓는다.

점심시간을 즈음하여 찾아간 그곳은 이미 포화 상태였다. 가게를 조금씩 확장한 모양새가 그대로 드러나는 구조였는데, 안으로 들어갈수록 새로운 공간이 불완전한 사각형으로 이어져 있었다. 이곳의 문화라면 역시 '겸상'이라 할 수 있는데, 그야말로 사람들 틈에 껴서 먹는 즐거움을 느낄 수 있었다. 같은 밥상에서 다른 사람들과 함께 먹어도 전혀 낯설거나 부끄럽지 않았다. 오히려 그 편이 더 재미있었다고 할까? 주문을 빨리 하면 그것을 능가하는 속도로 음식이 나왔다. 그러면 겸상으로 다 함께 후루룩 소리를 내가며 빠르게 먹고 나가는 식이었다. 여느 시장통의 식당들도 다 그렇지 않을까?

손칼국수 / 손칼국수를 시키면 냉면이 꽁짜~

〈한순자 손칼국수〉만의 특징은 또 하나 있다. 무엇을 주문하든 냉면이 따라 나온다는 것이다. 비록 냉면 그릇이 아닌 대접에 나오긴 하지만, 그 정도로 무시할 수 없는 양이다. 나는 이곳의 주요 메뉴인 **손칼국수**를 시켰고, 중고나라 소심녀는 **쫄면**을 시켰다. 그랬더니 손칼국수 두 그릇이 서비스인 비빔냉면 한 대접과 함께 나왔다. 주문 접수가 엄청나게 빠르다 보니 잘못 나왔나 싶었는데, 옆에 있던 아저씨가 웃으시면서 서비스라고 말씀해 주셨다. 서비스라니, 서비스는 냉면이 아니던가?

자세히 보니 손칼국수의 양에 조금 차이가 있었다. 알고 보니 쫄면을 시키면 손칼국수가 서비스로 나오는 것이었다. 둘이서 가볍게 국수 한 그릇 먹으러 갔다가 네 그릇 먹고 이 쑤시면서 나갈 판이었다. 그래도 서비스가 예상을 뒤엎을 만큼 잘 나오니까 기분은 좋았다. 면이 아니라 밥이었으면 싸달라고 했을지도 모르겠다.

보통 손칼국수는 면발이 굵은 것이 특징인데, 크게 한 젓가락 입에 넣었을 때 밀려오는 식감은 수제비의 그것과 비슷했다. 나는 훌렁훌렁 넘어가는 면보다는 입안 가득 씹히는 맛이 있는 굵은 면이 더 마음에 들었다. 게다가 서비스로 나온 비빔냉면은 반찬처럼 먹을 수 있었는데, 맛이 새콤하면서도 매콤했다. 칼국수와 대조되는 얇은 면발도 색다른 즐거움을 주었다. 쫄면은 면 굵기가 그 중간쯤 되었다. 약간 뽀득뽀득한 식감에 비빔냉면보다 달달한 양념소스의 맛이 더해졌다. 사실 개인적으로는 콩나물이 들어가서 청량한 맛이 나는 〈일류분식〉 쪽 쫄면이 더 나았다. 역시 가게마다 강점은 서로 다른 모양이다.

먹으면서 중고나라 소심녀와 수다의 세계로 빠질 뻔했으나, 겸상의 문화와

쫄면 / 쫄면을 시키면 손칼국수가 공짜로 나온다.

함께 속도전의 기운까지 감도는 이곳은 그 유혹마저 넘어서게 해주었다. 가끔 이렇게 작은 공간만의 문화에 동화되는 나를 보면 '이상한 나라의 폴' 조차 아무것도 아니라는 자만심이 들곤 한다. 왠지 나도 폴처럼 이상한 나라에 수시로 드나드는 것 같다고나 할까? 눈에 보이지 않는 경계를 뚫고 들어간 뒤 하나의 세계에서 시간을 보내다가 다시 나의 세계로 돌아가는 느낌이 든다. 그리고 보면 잘되는 식당이란 자신만의 세계를 잘 구축한 곳이 아닐까 싶다. 고객이 자연스럽게 경계를 넘어서 그 문화를 즐기다가 스르륵 사라지는 그런 곳 말이다.

수다의 세계로 빠질 뻔한 위기를 넘기고 자리에서 일어섰을 때, 어디선가 바로 출동한 담당 직원이 내 앞에 서서 재빠르게 계산해 주었다. 너무 순식간이라서 얼떨결에 돈을 내밀었다. 아예 '계산 담당'이라는 명찰을 하나 달고 있으면 더 재미있고 신뢰가 느껴지지 않을까. 내가 누구에게 돈을 내고 나가는지 헷갈릴 수 있으니까 말이다. 실제로 입구에서 계산하라는 말을 한 번 더 들어야 했다.

냉면 그릇 산성을 찍은 사진과 함께 서비스로 나온 비빔냉면과 손칼국수 사진을 페이스북에 올리니 반응이 썩 괜찮았다. 이미 단골인 분들도 많았다. 이렇게 호응이 좋을 때면 뭔가 하나 건진 것 같은 뿌듯함이 들곤 한다. ◆

한순자 손칼국수

영업시간 : 24시간

브레이크 타임 : 없음

휴일 : 없음

전화 : 02-777-9188

주소 : 서울시 중구 남창동 49번지 (남대문 시장) 중앙통로

주차시설 : 없음

- 손칼국수 4,500원
- 쫄면 5,000원
- 냉면 5,000원
- 잔치국수 4,500원

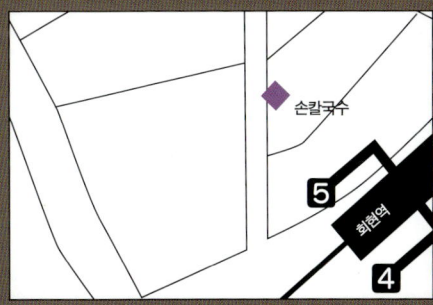

4호선 회현역 5번 출구로 나오자마자 남대문 시장으로 들어가 직진하면 오른편에 냉면그릇이 쌓여 있는 〈한순자 손칼국수〉를 볼 수 있다.

6. 할머니국수

✦✦✦

언젠가 SNS 상에서 지인들끼리 이야기하다가 〈할머니국수〉가 맛있다는 추천을 많이 받았다. 가게 이름이 참 푸근하다고만 생각했는데, 사실 이 집도 상당히 유명하고 오래된 곳이었다.

국수 역시 다양하게 발전해 오고 있다. 언뜻 비슷비슷해 보이지만, 자세히 들여다보면 개성들이 또렷하다. 물론 돈만 생각하고 적당히 카피해서 장사를 하는 사람들도 있지만, 뭔가 자신만의 영역을 만들고 싶어 하는 욕구를 가진 사람들도 반드시 있게 마련이다.

〈할머니국수〉의 **두부국수**는 1958년부터 시작되었다고 한다. 그런데 그 당시에 어떻게 국수에 두부를 넣을 생각을 했을까? 그에 대한 이야기를 좀 들려주면 좋을 텐데, '서서 먹는 집'에 대한 유래만 찾을 수 있었다. 하지만 내가 용감하게 추측해 보자면, 누구나 배고프던 그 시절 조금이라도 더 든든하라고 두부를 뭉텅뭉텅 넣어 주지 않았을까 싶다. 국수만 먹는 것보다야 확실히 든든하지 않은가. 개업 당시는 3평 남짓한 공간에서 최대 20여 명이 서서 국수를 먹었다고 하니, 서서 먹더라도 더 주는 가게에 손님이 몰리는 것은 당연하지 않았을까. 내 추측이 맞다면, 장사 수완이 뛰어났던 것이라 할 수 있다.

두부국수 / 국수에 두부가 들어가서 배부르게 먹을 수 있다.

〈할머니국수〉의 본점은 명동의 어느 좁은 골목에 있었다. 가게 앞에서는 **떡볶이**가 끓고, 거대한 **김말이**가 튀겨지고 있었다. 순간 떡볶이와 김말이에 넘어갈 뻔했으나, 두부국수를 먹어야 한다는 일념으로 정신을 차리고 메뉴판에 집중했다. 두부국수 단일 메뉴가 있지만 밥 종류를 시키면 서비스로 준다고 하길래, 이왕이면 다양하게 먹기를 즐기는 우리는 **할머니국수**와 **오징어덮밥**을 시키기로 했다.

할머니국수는 흔히 잔치국수라 부르는 음식과 비슷했다. 김이 잔뜩 얹혀 나온 잔치국수를 휘휘 저으니 양념간장이 풀어지면서 빨갛게 변했다. 양념간장이 꽤나 진했는데, 제법 맛이 괜찮아서 전반적으로 국물도 맛있어지고 국수도 맛있어졌다.

오징어덮밥을 시키자, 약속한 대로 두부국수가 작은 그릇에 담겨 함께 나왔다. 부드러운 두부 덩어리가 숭숭 떠 있는 모습을 보니, 왠지 어려운 시절에 든든하게 한 끼를 먹을 수 있는 음식을 받은 것처럼 감격스러웠다. 할머니국수의 기본 국물은 두부국수와 같아 보였는데, 간장소스와 다진 양념 덕에 맛이 또 달랐다.

할머니국수와 오징어덮밥, 거기다 서비스로 나오는 두부국수까지 먹어치우고 나서도 떡볶이와 김말이에 대한 관심은 없어지지 않았다. '이왕 먹는 거 확실하게 먹어 버릴까?' 싶어서 상당히 고민했지만, 결국 다음을 기약하기로 했다.

며칠 후 우리는 요술 상자님까지 합류시켜 떡볶이와 김말이를 먹겠다는 일념으로 다시 찾아가고야 말았다. 우리는 앉자마자 신나게 주문했고, 곧이어 먹음직스럽게 등장한 떡볶이와 김말이에 전투적으로 덤벼들었다. 미처 예상하지 못했는데, 여기에서도 두부국수가 서비스로 나왔다.

오징어덮밥 / 두부국수는 단품으로도 팔지만, 밥류와 떡볶이 등을 먹으면 작은 그릇에 서비스로 나온다.

떡볶이와 김말이 / 커다란 김말이와 추억의 아이콘 떡볶이.
둘의 조화는 언제나 최고다.

물론 셋이 가서 달랑 이것만 먹은 건 아니었다. 이미 **김밥** 두 줄은 포장을 맡긴 상태였다.

남자들은 잘 공감하지 못하겠지만, 여자들에게 떡볶이란 학창시절을 추억하는 아이콘과도 같다. 초등학생 때도 떡볶이는 정말 많이 사 먹었지만, 그 절정은 중학교 시절에 꽃을 피웠다. 차비가 아까워서 집에 걸어가기를 감수하면서도 회수권으로 값을 치르고 거의 매일같이 먹어 대곤 했다. 게다가 김말이는 튀김 중에서 단연 으뜸이었다. 원래 잡채를 좋아하기도 하지만, 김말이는 특히 떡볶이 국물과의 궁합이 최고였다. 〈할머니국수〉에서는 그 김말이가 김밥 크기만 하게 튀겨져 나오니 눈이 말똥말똥해질 수밖에 없었다. 게다가 그 흔한 오뎅 국물 대신 두부국수까지 덤으로 먹을 수 있으니, 이보다 더 괜찮을 수 있을까? 그러고 보면 뭐든지 차별화되면 그 바닥에서는 일등을 할 수 있는 것 같다. 여느 김말이보다 큰 김말이가 등장함으로써 그쪽 김말이계는 평정된 듯하다. 크기로 상대가 안 된다면 김말이 안에 든 내용물이나 겉에 바르는 소스 등에서 차별화할 수도 있겠다.

우리는 떡볶이와 김말이를 먹고 나온 다음, 먹는 것으로 끝장을 보자면서 그 옆에 있는 〈하라 도너츠〉의 도넛과 〈맥도날드〉의 500원짜리 아이스크림까지 먹어 치웠다. 시간이 흐르면서 점점 더 먹는 것을 밝히는 경향을 보이고 있어 상당히 불안하지만, 어쨌든 우리의 누들로드는 다음에도 계속된다. ◆

할머니국수

영업시간 : 06:40~21:00

브레이크 타임 : 없음

휴일 : 없음

전화 : 02-778-2705

주소 : 서울특별시 중구 명동1가 42-43번지

주차시설 : 없음

- 할머니국수 3,500원
- 두부국수 4,000원
- 비빔국수 4,500원
- 칼국수 4,500원
- 김말이 2,500원
- 떡볶이 2,500원

2호선 을지로입구역 5번 출구로 나와 명동 쪽 골목으로 우회전하여 직진하면 세븐일레븐을 중심으로 둘로 나뉘는 길이 나오는데, 어느 쪽으로 가도 상관없다. 조금만 가면 작은 골목이 나오는데, 그 안으로 들어가면 〈할머니국수〉가 보인다.

7. 명동교자

✦✦✦

　　우리 아빠에게는 당신이 생각하기에 우선순위로 해야 할 이야기들이 몇 개 있다. 〈명동교자〉에 관한 이야기도 그중 하나이다. 칼국수나 명동이라는 단어만 튀어나오면 반드시 하고 넘어가야 하는, 들은 횟수만 따져도 만만치 않은 바로 그 이야기. 바로 엄마와 연애하던 시절 〈명동칼국수〉에서 데이트를 했다는 이야기다. 우리가 들을 때는 그저 그런 연애 후일담이지만, 당시 〈명동칼국수〉에서 데이트를 하던 날이면 아빠는 몹시 기뻤던 모양이다.

내가 누들로드를 다니는 중이라고 말하자, 아빠는 또 그때의 이야기를 꺼내셨다.

"〈명동칼국수〉는 꼭 가 봐라. 내가 너희 엄마랑 연애할 때 거길 갔었잖니."

그래서 갔다. 부모님의 옛 추억이 가득한 바로 그곳, 〈명동교자〉로. 예전에는 〈명동칼국수〉였는데, 이젠 이름이 바뀌었다.

요즘 명동에는 한류열풍 때문에 일본인들과 중국인들이 많이 몰리는데, 그 때문인지 〈명동교자〉에는 칸막이가 설치된 1인용 좌석들도 따로 마련되어 있었다. 아마 복작거리는 곳에서 혼자 식사를 하기가 어색한 일본인들을 위한 자리가 아닐까 싶다. 내 입장에서는 오히려 칸막이가 쳐진 1인석에 앉아 본 적이 없어서, 그게 더 어색할 것 같다. 하지만 그것도 습관이 되면 오히려

칼국수 / 보기에도 먹음직스러운 소고기를 다져 올린 고명과 만두가 동동 떠 있다.

칸막이로 된 1인석을 만들어 달라고 식당에 요청할지도 모르는 일이다.

이번에도 요술 상자님과 함께 셋이서 출동하게 되었다. 그리고 **칼국수**와 **만두**, **비빔국수**를 주문해 보았다. 칼국수는 역시 맛있었다. 다진 소고기를 고명으로 올리고 만두를 동동 띄운 칼국수는 진한 맛을 풍겼다. 게다가 함께 나오는 조밥은 다 먹은 후 국물에 말아 먹을 수도 있어 동시에 세 가지 맛을 즐길 수 있었다. 이 정도의 조합이라면 만족스러울 수밖에 없었다. 특히 칼국수와 함께 먹는 김치의 맛이 훌륭했다.

만두 역시 고기가 충분히 들어가 있어서 맛이 좋았다. 나는 어려서부터 '만두순이', '감자순이', '오방떡소녀' 따위로 불렸을 만큼, 이 셋 중 하나만 손에 있으면 행복하기 그지없었다. 그러니 내가 어렸을 때는 부모님이 얼마나 편했을까. 길 가다가 오방떡 하나만 쥐어 주면 애가 조용해졌을 테니. 하지

만두 / 고기가 듬뿍 들어 있어서 만족스러웠다.

비빔국수 / 개인적으론 칼국수보다 못해 보였지만, 다양한 입맛대로 즐기면 되겠다.

만 과연 그랬을까? 진실을 고백하자면, 나란 애는 어렸을 때 엄청 울보에다 고집불통이어서 그야말로 속 썩이려고 태어난 존재 같았다고 한다. 아빠가 나를 유모차에 태우고 산책 나갔다가, 도통 울음을 멈추지 않는 나 때문에 열이 받아서 유모차를 던져 버렸을 정도다.

비빔국수는 조금 늦게 나왔다. 색깔이 녹색이었는데, 도대체 이 면에 무엇을 섞은 것인지 서로 추측해 보기도 했다. 녹차는 아닌 것 같았다. 옆에서 요술 상자님은 클로렐라가 아니겠냐고 추측하셨다. 딩동댕! 물어 보니 과연 클로렐라가 맞다고 했다. 하지만 이미 칼국수에 녹아든 입맛 때문인지, 아니면 역시 칼국수 전문점이라 그런지 비빔국수는 맛이 약간 떨어졌다. 아마 칼국수 외에 다른 메뉴를 먹고 싶어 하는 동행을 둔 손님들을 위해 마

련해 둔 것이 아닐까.

이곳 역시 점심시간이 채 되지 않은 시각에 들어갔는데도 이미 매장 안은 꽉 차 있었고, 식사를 마치고 나가는 길에는 줄이 길게 서 있었다.

우리 부모님의 연애 시절, 그리고 또 다른 누군가의 부모님도 이곳에서 사랑을 확인했으리라. 그리고 지금도 연인들은 여기서 데이트를 하고 있다. 요즘은 국제화에 발맞춰 외국인들도 와서 데이트를 즐기지 않을까?

오래된 식당은 이렇게 세월을 함께 나눈다. 할머니와 손자가 함께 식사를 하고, 또 그 손자가 아이를 낳아 다시 식당을 방문한다. 나는 그런 가게 안에서 과거와 미래가 교차하는 소리를 듣는다. ◆

명동교자

영업시간 : 10:30~21:30
브레이크 타임 : 없음
휴일 : 추석, 설날
전화 : 02-776-5348
주소 : 본점 서울시 중구 명동 2가 25-2번지
주차 : 없음. 명동성당 밑에 있는 유료 주차장 이용 가능
사이트 : http://www.명동칼국수.kr

- 칼국수 8,000원
- 비빔국수 8,000원
- 만두 8,000원
- 콩국수 8,000원

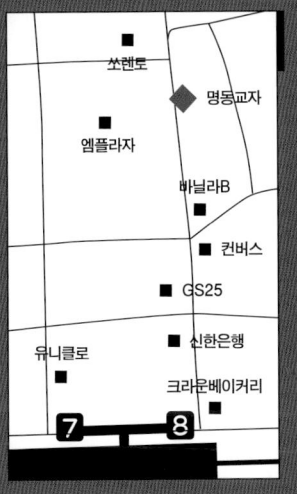

4호선 명동역 8번 출구로 나와 명동으로 진입, 약 200m 직진하면 오른쪽에 〈명동교자〉가 위치해 있다.

8. 오장동 흥남집

✦✦✦

전통 함경도식 '회냉면'은 개마고원의 고랭지에서 자란 감자를 써야만 국수 면발이 제대로 익는다고 하여 감자 전분으로 만들고 가자미회를 올렸다고 한다.
《중앙일보》에 〈오장동 신창면옥〉의 맹강호 사장님을 인터뷰한 기사가 실렸다. 14세 때부터 〈오장동 함흥냉면〉에서 기술을 배워서 지금의 〈오장동 신창면옥〉을 오픈했다고 한다. 당시의 이야기를 들려줄 수 있는 유일한 분이라는 맹강호 사장님의 인터뷰를 그대로 옮겨 본다.

"그런데 6·25전쟁 후 남한에서는 그런 감자를 구할 수가 없었죠. 그래서 제주도와 해안지방에서 자란 고구마 전분을 쓰게 됐어요. 함경도에서는 가재미(가자미'의 북한어)가 흔해서 가재미 회를 썼지만, 남한에서는 공급이 원활치 못해 홍어로 대치하게 됐죠. 씹는 맛은 훨씬 쫄깃해요. 그런데 국산 홍어는 너무 비싸 쓸 수가 없어 지금은 칠레 등지에서 수입한 홍어를 쓰고 있죠."
그러다 회를 싫어하는 사람들을 위해 고기를 올리기 시작한 게 비빔냉면이란다. 그리고 오장동에서 시작된 함흥냉면이 전국으로 퍼지면서 조금씩 변형돼 지금의 함흥냉면이 됐다는 것이다.(《중앙일보》, 2010. 08. 10)

오장동에는 함흥냉면집이 세 군데 있는데, 양옆으로 서로 나란히 이어져 있다. 그래서 모두 가 보기로 했다. 첫 번째 방문지는 가장 안쪽에 위치한 〈오

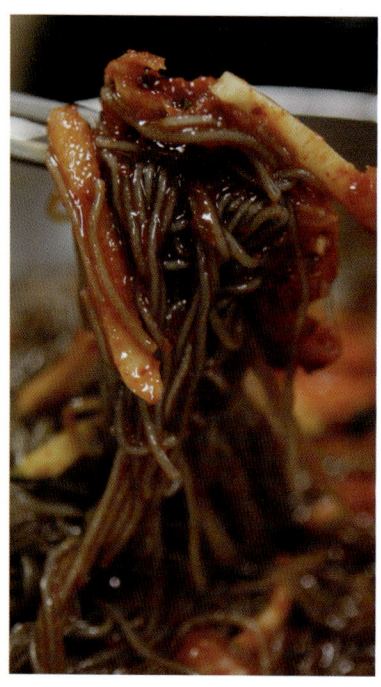

회냉면 / 홍어회의 양념이 면과 잘 어울린다.

장동 흥남집〉이었다. 역시나 손님이 많았다. 우리는 2층으로 안내되었다.

메뉴는 당연히 **회냉면**. 중고나라 소심녀는 소심하게 **물냉면**을 시켰다. 함흥냉면은 비빔이 원조이고, 평양냉면은 물냉면이 원조지만……. 뭐, 그 순간에 먹고 싶은 걸 먹으면 되지 않을까.

테이블에는 취향에 따라 겨자, 설탕, 식초 등을 넣어서 먹으라는 안내문이 붙어 있었지만, 일단은 고유의 맛을 먹어 보기로 하고 그대로 한 젓가락을 입에 넣었다. 순간 움찔하면서 '맵나?' 싶은 생각이 살짝 들었지만, 먹다 보니 그다지 맵지는 않았다. 육수는 굉장히 끌리는 맛이라 두세 컵은 족히 먹은 것 같다. 함흥냉면은 역시 육수를 같이 먹어 줘야 제맛이었다.

중고나라 소심녀가 주문한 물냉면은 육수가 진하고 독특했다. 하지만 내 입맛에는 이미 〈우래옥〉의 평양냉면이 최적의 자리를 꽉 지키고 있어서 내어 줄 틈이 없었다. 미안해, 〈흥남집〉 물냉면아. 대신 회냉면은 단연 순위권에 들었다.

사실 나는 치아가 그다지 건강한 편이 못되어서 홍어회를 잘 씹지 못하기에, 회냉면보다 비빔냉면을 더 선호하는 편이다. 하지만 이곳에서는 그게 문제가 되지 않아서 얼마든지 먹을 수 있겠다는 생각이 들었다. 실제로 이곳을 찾는 많은 사람들이 냉면에 올라 있는 회의 양념과 면이 잘 어우러져 맛이 좋다는 말을 한다고 한다. 작은 차이가 큰 차이를 만든다는 건 바로 이런 것을 두고 하는 말이 아닐까?

우리는 북적거리는 〈오장동 흥남집〉을 나온 뒤, 언덕을 넘어서 〈태극당〉에 가 보기로 했다. 햇살이 쨍쨍 내리쬐는 길을 지나 옛 모습이 많이 남아 있는 〈태극당〉으로 들어간 우리는, 시원한 에어컨 바람을 쐬면서 모나카 아이스크림을 사 먹었다.

물냉면 / 함흥냉면집에 와서 굳이 주문한 물냉면은 육수가 진하고 독특했다.

개업 이래 늘 같은 맛과 모양으로 판매하고 있다는 모나카 아이스크림은 정말 맛있었다. 어린 시절에 먹던 아이스크림들이 생각나기도 했다. 결국에는 집에 쟁여 놓고 먹기로 하고, 박스째로 구입해서 중고나라 소심녀와 반씩 나눴다. 그래 봤자 열개가 들어가는 작은 크기였는데, 아이스박스처럼 투박한 스티로폼으로 된 것이 아니어서 한시간 정도만 보존할 수 있다고 했다.

녹을까봐 조마조마해하면서 들고 온 모나카 아이스크림은 금세 동이 나 버렸다. 그냥 각자 하나씩 살 걸 그랬다고 후회했다. 하여간 우리의 식탐은 대단하다니까. ◆

오장동 흥남집

영업시간 : 11:00~21:15(주문 가능 시간)
브레이크 타임 : 없음
휴일 : 둘째, 넷째 주 수요일
전화 : 02-2266-0735
주소 : 서울시 중구 오장동 101-7번지
주차시설 : 있음. 30분 무료 주차 가능

* 회냉면 8,000원
* 물냉면 8,000원
* 비빔냉면 8,000원
* 온면 8,000원
* 섞임냉면 8,000원

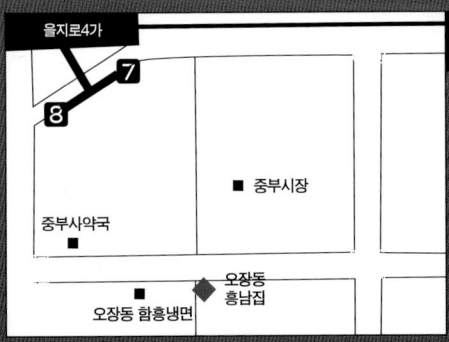

을지로4가역 8번 출구로 나와서 직진하다가, 사거리가 나오면 길을 건너 다시 좌회전하여 직진한다. 중부시장 입구까지 걸어가면 코너에 〈오장동 흥남집〉이 보인다.

9. 오장동 함흥냉면

✦✦✦

오장동에 있는 함흥냉면을 시식하기로 한 두 번째 날. 이번에는 가운데 있는 집인 〈오장동 함흥냉면〉에 가 보기로 했다. 〈오장동 흥남집〉이 오픈하고 나서 1년가량 지나서 문을 연 곳이라고 했다. 이번에도 나는 당연히 **회냉면**을 주문했고, 중고나라 소심녀는 또다시 **물냉면**을 주문했다.

이곳의 특징은 육수가 간장 색깔을 띤다는 것인데, 색깔만큼이나 맛도 진하고 독특했다. 〈오장동 흥남집〉과 다른 것은, 맛도 맛이거니와 냉면에 계란 반쪽이 들어가지 않는다는 것. 맛은 〈오장동 흥남집〉에 비해 덜 강한 편이었다. 내 입맛에는 〈오장동 흥남집〉의 강한 맛이 더 잘 맞았다.

나는 원체 강한 맛을 좋아하는 종족인가 보다. 함흥냉면을 좋아하는 사람들에게도 다양한 입맛이 존재해서, 가까이 붙어 있는 세 곳의 냉면집 중에서 각자의 취향대로 한 그릇씩 먹은 뒤에 다시 뭉치는 팀들도 있다고 한다. 재미있는 문화다.

함흥냉면에 관한 재미있는 일화가 있다. 얼마 전에 〈MBC 스페셜〉의 '모리오카 냉면' 편에서는 일본에서 유명해진 모리오카 냉면에 대한 내용을 다루었는데, 내용은 이랬다. 일본의 모리오카 지역은 철광산이 있던 곳으로, 일제강점기 때 징용되어 가거나 돈을 벌러 간 조선인들이 부락을 이루어 살았다고 한다.

회냉면 / 오장동 냉면집은 서로 다른 맛의 회냉면을 내놓으면서 다양하게 사랑받고 있다.

이곳에 최초로 〈식도원〉이라는 냉면집을 오픈한 양용철 씨는 함흥 지역의 부잣집 아들이었다. 하지만 일본 여성과 사랑에 빠져 그곳에 정착하게 되었는데, 고향의 냉면 맛을 잊지 못해서 가게를 열었다고 한다. 함흥이 고향이니 함흥냉면을 베이스로 했을 것이라 추측할 수 있지만, 모양새는 물냉면과 비빔냉면을 더한 것에 가까웠다. 그는 검은색을 띠는 메밀을 빼고 밀가루와 전분으로만 반죽하여 색을 하얗게 만들었고, 면발은 기존 냉면보다 더 굵으면서도 질긴 느낌을 고집했다. 그리고 여기에 차가운 육수를 붓고 깍두기로 매운맛을 더하여 현재의 모리오카 냉면을 만들어 냈다.

처음에 일본인들은 모리오카 냉면을 먹고 나서 차갑고 질기고 맵기만 한 음식이라는 혹평을 쏟아 냈다. 하지만 시간이 흐르면서 제 발로 다시 찾아오기 시작했는데, 이상하게 시간이 흐르니 자꾸 생각이 나더라는 것이 그 이유였다. 이렇게 냉면은 일본인들의 입맛을 서서히 사로잡았고, 모리오카 지역에는 냉면집이 우후죽순으로 생겨나게 되었다고 한다. 이제는 사누키 지방의 '우동 투어'처럼 모리오카 지방의 '냉면 투어'라는 관광 상품마저 생겨났다고 하니, 그 인기를 짐작할 만하다.

원래의 함흥냉면에서 많이 변하긴 했지만, 일본에까지 건너가 승승장구하고 있는 것을 보면서 참 대단하다는 생각이 들었다. 〈오장동 함흥냉면〉의 경우에도 오장동으로 넘어 오면서 약간의 변형이 있었겠지만, 사람들의 입맛을

물냉면 / 간장 색깔의 독특한 육수와 진한 맛이 특징이다.

사로잡고 있는 것은 마찬가지였다. **비빔냉면**도 먹어 봤지만, 역시 나는 회냉면 쪽이 더 맛있었다. 하지만 회를 못 먹는 사람이라면, 고기 고명이 올라간 비빔냉면도 맛있는 편이니 그쪽을 선택해도 좋다. ◆

오장동 함흥냉면

영업시간 : 11:00~21:00

브레이크 타임 : 없음

휴일 : 첫째, 셋째 화요일

전화 : 02-2267-9500

주소 : 서울시 중구 오장동 90-10번지

주차시설 : 묵정 주차장 이용 가능

˚회냉면 8,000원　　˚물냉면 8,000원
˚비빔냉면 8,000원　˚온면 8,000원

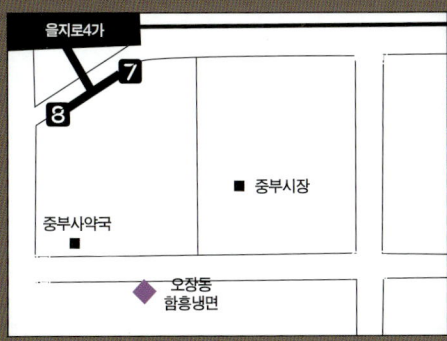

을지로4가역 8번 출구로 나와서 직진하다가, 사거리가 나오면 길을 건너 다시 좌회전하여 직진하면 〈오장동 함흥냉면〉을 쉽게 찾을 수 있다.

10. 오장동 신창면옥

✦✦✦

　　오장동 냉면 투어 마지막 날, 우리는 세 번째 집인 〈오장동 신창면옥〉에 들렀다. 오래된 가게에 가 보면 대부분 벽면에 역사를 보여 주는 신문기사 스크랩이나 상장이 전시되어 있는데, 이곳은 만화를 액자에 끼워서 걸어 놓고 있었다. 자세히 보니 《식객》이었다. 그 만화책에 함흥냉면에 관한 에피소드가 나오는데, 바로 〈오장동 신창면옥〉을 배경으로 그려졌다.
《식객》에 등장하는 식당을 일부러 찾아가 본 적은 없기에 미처 생각하지 못했는데, 가게에 녹아들어 있는 역사와 비법까지 훌륭하게 스토리텔링할 수 있음을 보여 주는 사례인 것 같아 흥미로웠다. 하기야 을지로에 있는 중국집인 〈안동장〉 역시 영화 〈북경반점〉의 배경이 되었다고 하니, 현재 역사를 쌓아 가는 식당들도 앞으로 염두에 두어야 할 것이 바로 이러한 스토리텔링일 것이다.
이번에도 **회냉면**을 먹기로 했는데, 앞의 두 집에서와는 달리 겨자 등의 양념을 추가해서 먹어 보았다. 사실 〈오장동 신창면옥〉의 회냉면은 그냥 먹으니 심심해서 양념을 더 넣을 수밖에 없었다. 왠지 있는 그대로 먹지 말고 개인의 취향에 따라 맞춰 먹으라는 뜻인 것 같기도 했다. 품목이 같아도 식당마다 운영방식은 각자 다르구나 싶었다. 음식에서 나오는 단맛을 선호

하지 않기에, 설탕은 밀어 두고 양념소스와 겨자, 그리고 식초를 첨가하여 삭삭 비벼 먹었다.

〈오장동 신창면옥〉에만 있는 것이 또 하나 있다. 바로 **만두**이다. 그래서 한 접시 주문해 보았다. 큼직한 만두 여섯 개가 나왔다. 매콤한 화냉면과 함께 하니 '곁들여 먹기'를 좋아하는 우리로서는 마냥 좋기만 했다.

음식을 먹고 있자니, 여기저기서 일본어가 들려 왔다. 분명 다른 두 곳도 외국인들이 찾아가겠지만, 우리 가까이에 없었던 모양인지 외국어가 들리진 않았다. 이곳에는 외국인들이 단체로 식사를 하러 종종 찾아오는 모양이었다. 《식객》에 등장한 곳이라서 유명해졌나? 세 집들은 각자 존재하는 방식이 다 달라서 그 또한 재미있었다. 이러니 각자 취향에 맞는 곳에서 먹고 나와서 다시 만나는 문화가 생겼나 보다.

오장동 냉면집들 앞에는 전통 건어물 도매를 전문으로 하는 중부시장이

만두 / 매콤한 회냉면과 따끈한 만두는 찰떡궁합이었다.

회냉면 / 맛이 다소 심심하므로, 개인 취향대로 양념을 더해 먹으면 된다.

있다. 시장 입구에는 여느 곳처럼 채소나 생선이 널려 있지만, 뒤쪽으로 가면 건어물을 판매하는 가게들이 즐비하다. 반대쪽 입구로 가면 건어물 가게가 바로 등장한다.

식사를 마친 후 시장에 들러 보았다. 중고나라 소심녀는 여기저기를 기웃거리더니, 말린 문어를 한 꾸러미 집어 들었다. 말린 문어를 좋아한다나. 난 말린 문어보다는 문어 숙회를 더 좋아하고, 말린 오징어보다는 반건조 오징어인 일명 '촉촉 오징어'를 더 좋아하기에 같이 사지는 않았다. 중고나라 소심녀는 며칠 후 중부시장에서 사 간 말린 문어가 굉장히 맛있었다는 이야기를 전했다. 함흥냉면을 먹고 중부시장 투어를 하면서 필요한 건어물을 구매해 가는 것도 좋을 듯하다. ◆

오장동 신창면옥

영업시간 : 10:00~21:30

브레이크 타임 : 없음

휴일 : 둘째, 넷째 월요일

전화 : 02-2273-4889

주소 : 서울시 중구 오장동 90-8번지

주차시설 : 있음

- 회냉면 8,000원
- 물냉면 8,000원
- 비빔냉면 8,000원
- 왕만두 6,000원
- 세끼미냉면 8,000원

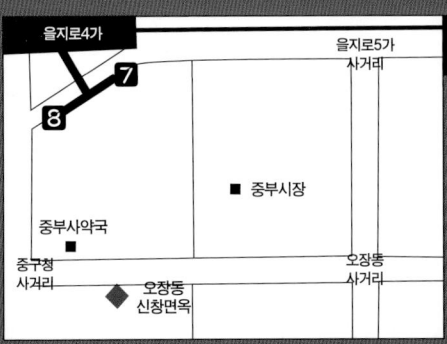

을지로4가역 8번 출구로 나와서 직진하다가, 사거리가 나오면 길을 건너 다시 좌회전하여 직진하면 〈오장동 신창면옥〉이 보인다. 오장동 냉면집 중 가장 앞쪽에 위치해 있다.

11. 거제식당

✦✦✦

　　이번에는 남대문 야시장으로 갔다. 저녁 9시가 조금 안 되어 도착했다. 한쪽은 가게를 닫느라 분주하고, 다른 한쪽은 여느라고 분주했다. 그 모습을 보니 야심차게 야시장이 형성되는구나 싶어서, 은근히 흥분되기 시작했다.
우리는 일단 뭘 먹고 시작하자는 합의를 보고 먹자골목으로 들어섰다. 그곳에는 여러 가게가 오밀조밀 모여서 칼국수, 냉면, 쫄면 등을 팔고 있었다. 중간쯤 가다가 〈거제식당〉이라는 음식점을 발견하고는, 그곳에서 국수 한 그릇을 사 먹기로 했다.
"칼국수랑 쫄면 하나씩 주세요."
"쫄면 대신 냉면 드시면 안 될까요?"
"(어리둥절해 하며) 왜요?"
"쫄면은 면을 삶는 데 오래 걸려서요."
"아, 네……. 그럼 비빔냉면으로 주세요."
시킬 때는 몰랐는데, 혹시나 해서 몇 시까지 하냐고 물었더니 저녁 9시라고 했다. 우리가 들어간 게 그때쯤이었으니, 곧 퇴근해야 하는 시간이었던 것이다.

"앗. 저는 이제 오픈하시는 줄 알았는데……."

"아침 6시부터 밤 9시까지 열어요."

중고나라 소심녀는 어릴 때 와 본 야시장에 대한 기억을 더듬어 식당들이 죄다 오후에 연다고 생각한 모양이었다. 사실 나도 그런 기억이 나는 데다, 어디선가 전해 들은 이야기들까지 뒤섞였다. 왜 있잖은가, 야시장에서 장을 보다가 한 그릇 후루룩 먹는 국수 같은 것.

〈거제식당〉 측도 우리가 주문한 음식을 만들면서 문 닫을 준비를 했다. 중간 중간 손님이 오면 차마 내보내진 못하고, 한 그릇씩 또 판매를 했다. 아침 6시부터 저녁 9시까지 정상 영업을 하는 데다가, 추가 손님까지 받다 보면 거의 10시에나 퇴근할 테니 정말 피곤할 것 같았다.

곧 기다리던 **비빔냉면**이 나왔다. 면을 삶는 것도 내 눈 앞에서 바로 볼 수 있었다. 이름 있는 곳의 면은 아니었지만, 이곳에서의 식사는 식재료를 따져가면서 먹기보다는 시장에서 체험 삼아 한 그릇 먹어 보는 것에 더 가까웠다. 물론 다른 분들에게는 치열한 삶의 현장이겠지만.

그런데 **칼국수**가 도착했는데, 작은 냉면 그릇이 또 따라 나왔다. 이곳도 〈한

비빔냉면 / 비빔냉면을 먹으면 칼국수가 작은 그릇에 서비스로 나온다.

칼국수 / 매콤한 양념이 면과 유부에 잘 배어들어 맛이 제법 좋았다.

순자 손칼국수〉에서처럼 한 그릇을 시키면 작은 사이즈로 한 그릇을 더 주고 있었다. 혹시나 해서 주위를 둘러보니, 다른 식당들도 대부분 마찬가지였다. 남대문 시장엔 정녕 위대한 분들만 오는 걸까?

비빔냉면은 새콤하니 맛있었다. 중고나라 소심녀는 정말 맛있다면서 후룩후룩 잘도 먹었다. 내 경우에는 곧이어 나온 칼국수 쪽이 더 맛있었는데, 매콤한 양념장을 풀어서 면과 유부를 함께 건져 먹으니 맛이 끝내 줬다.

먹으면서도 마치 시장 속 바와 같은 느낌이 들어 재미있었다. 오픈된 주방에서 음식을 만드는 분과 마주 보며 이야기도 나누고 조리되는 음식들도 보니, 그야말로 바나 다름없지 않은가? 아주머니들은 곧 딱딱한 바를 부드럽게 만들어 주는 바텐더와 같았다.

칼국수는 즉석에서 얇게 편 밀가루를 숭덩숭덩 잘라서 만들어 주셨다. 양이 꽤 많아서 결국 다 먹지 못하고 나와야 했다. 밥을 먹어도 국수는 덤으로 주니까, 다음에는 밥도 한번 먹어 보고 싶었다.

밖으로 나오니 여기저기서 포장마차가 성황이었다. 포장마차에서 꼭 먹어 보고 싶었지만 아직 못 먹어 본 먹장어도 보였고, 잔치국수도 3,000원이었다. 일본 사람들도 옹기종기 모여 한잔하고 있었다. 나도 일본에 가면 그들의 포장마차 문화를 체험해 보고 싶어졌다. 그런데 일본에도 포장마차가 있나? 라멘 쪽으로는 있는 것 같은데…….

그런데 아직 시간이 이른 건지, 남대문 시장은 예전만큼 휘황찬란하지 않았다. 우리가 너무 빨리 왔나 싶어서 카페에 들어가 좀 더 시간을 보내기로 했다. 남대문 시장 근처에는 약간 다방 느낌이 나는 커피숍들이 많았다. 건너편에 커피 전문점 〈할리스〉가 보였지만 10시면 문을 닫는다고 했다.

주변을 좀 거닐다가 아라비카 커피를 판다는 작은 카페에 들어갔다. 우리는 바닐라 쉐이크와 아이스크림을 주문했다. 하지만 바닐라 쉐이크는 마치 그 자리가 제자리인양 호가든 잔에 담겨 나왔고, 아이스크림은 한눈에도 오래된 것 같아 보이는 애들로 두 덩이가 나왔다. 맛이라도 있으면 또 모르겠는데, 둘 다 별로여서 크게 실망했다.

그래도 이왕 카페에 들어 왔으니, 궁금한 거나 물어 봐야 겠다 싶었다.

"요즘에는 남대문에 야시장이 안 서나요?"

"많이 죽었어요. 10시 30분 정도면 다 열긴 하는데, 얼마 없어요."

"아……"

우리가 빨리 간 것이 아니었다. 남대문 야시장은 아동복과 안경, 일본인을 비롯한 관광객들을 위한 가게, 그리고 포장마차 정도만 열리고 있었다. 동대문 야시장에는 가 보지 않았지만, 그쪽으로 더 많이 몰리는 것 같기도 하다. 어릴 때의 기억을 떠올리며 방문했던 우리는 조금 씁쓸해졌다. 하지만 세상은 돌고 도는 것이니 어쩔 수 없었다. 그 흐름에 맞춰 살아가거나 다른 흐름을 타는 수밖에.

아쉬워하면서 돌아다니는데, 일전에 가서 쫄면을 맛있게 먹었던 〈일류분식〉이 간판을 바꾸고 인테리어도 새롭게 단장한 것이 눈에 들어왔다. 〈일류분식〉은 24시간 문을 열고 있었다. 고양이도 꾸벅꾸벅 조는 늦은 밤, 우리는 그렇게 남대문 야시장 탐방을 마쳤다. ◆

거제식당

영업시간 : 06:00~21:00

브레이크 타임 : 없음

휴일 : 정보 없음

전화 : 02-777-8177

주소 : 회현역 5번 출구 방면 먹자골목 내

* 칼국수 4,500원
* 잔치국수 4,500원
* 냉면 5,000원
* 쫄면 5,000원

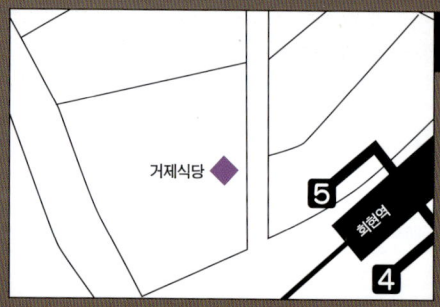

4호선 회현역 5번 출구로 나와 남대문 시장 쪽으로 들어가면 왼편에 먹자골목이 있다. 그 골목으로 중간쯤 들어가면 오른편에 〈거제식당〉이 있다.

종로/ 삼청동/ 기타 편

종로 역시 사대문 안에 속하는 지역이다. 오히려 중구보다 궁과 더 가까운 곳이기도 하다. '양반들의 말을 피해 다니는 골목'이라는 뜻의 피맛골이 없어지면서, 그 지역만의 재미가 많이 사라지기도 했다. 어렸을 땐 피맛골에서 많이 놀았는데……. 주로 술을 많이 마셨지만.
인사동을 거쳐 안국동으로 넘어가면 삼청동이 나온다. 그곳엔 쇼핑몰 촬영팀이 많이 온다. 그만큼 멋진 배경들과 예쁜 가게들이 곳곳에 숨어 있는 동네이기도 하다. 그래서 연인들이 데이트하러 많이 가기도 하고, 최근에는 외국인 관광객들이 많이 찾는 곳이기도 하다. 예전엔 독특한 곳이 많았다고 하는데, 요즘은 가게들도 조금씩 대형화되고 프랜차이즈도 들어오는 등 특색과 즐거움이 많이 사라진 듯하다. 하지만 북촌과 인사동까지 포함시킨다면, 여전히 매력적인 곳이기도 하다.
종로와 맞붙어 있는 대학로에 대한 인상은, 자주 차 없는 거리가 되곤 했던 넓은 공간에서 펼쳐지는 대학생 언니, 오빠들의 문화놀이로 대변된다. 지금은 아니지만, 당시엔 '나도 대학생이 되어 문화활동을 할 거야.'라면서 질투를 느끼기도 했다. 하지만 정작 대학생이 되어서는 대학로로 술 마시러 갔다는…….
아마도 우리가 가 보지 못한 국숫집이 훨씬 많을 것이다. 생각보다 국수집이 많았지만, 모두 둘러볼 순 없었기에 많은 아쉬움이 남는다. 2편이 나올 수 있으면 좋겠다는 바람을 가져 본다.

종로 편

미진

깃대봉 냉면

낙산냉면

골동면

사가라멘

1. 미진

✦✦✦

그날은 날씨가 참 좋았다. 햇살이 지나치리만큼 강하게 내리쬐는 날이었다. 나는 피맛골이 없어진 자리에 세워진 위엄 가득한 거대 빌딩 한 구석의 그늘진 곳을 차지한 채, 스마트폰으로 친구들의 트위터를 무한 갱신해 가면서 들여다보고 있었다. 약속시간이 거의 다가왔을 즈음, 전화벨이 울리기 시작했다.

"버스에서 잘못 내렸어. 택시 타고 갈게. 미안, 미안."

중고나라 소심녀였다. 용인에 사는 그녀는 평소 버스를 타고 다니는데, 출퇴근 시간을 제외하고는 배차 간격이 엄청 길었다. 버스를 한 대라도 놓치면, 그날은 옴팡 늦는 날이었다. 이번에는 버스는 제대로 탄 모양인데, 정류장을 헷갈린 것이다. 그놈의 버스정류장은 같은 곳이라도 여러 군데에 흩어져 있어서 하나하나 외우려면 장난이 아닌 게다.

그런데 한참을 기다려도 애는 오지 않고 문자의 알림음만 울려댔다. 택시를 탔다는데, 때는 바야흐로 점심시간에다가 위치는 을지로였다. 이동이 많은 서울 한복판이다 보니, 택시가 길에 서서 움직이지 않는다고 했다. 별 수 있는가. '기다림도 여행의 묘미 중 하나로다……' 이렇게 생각하며 기다릴 수밖에 없었다.

그렇게 그녀는 한 시간이나 늦고 말았다. 사심 없이 기다렸지만, 아무래도 뭔가를 얻어 먹어야 할 것 같아서 시원한 아이스커피를 약속받았다.

종로 르미에르 건물 1층에 위치한 유서 깊은 메밀국숫집 〈미진〉은 그렇게 우리에게 다가왔다. 피크타임인 점심시간에 찾아 간 터라 줄이 길게 서 있었지만, 국수라는 메뉴의 특성상 테이블 회전율이 빠른 편이라 오래 기다리지 않고 입장할 수 있었다. 가게 밖에는 줄을 서서 기다릴 때 눈에 띄이도록 책 한 권의 이미지를 가게 외부벽면에 커다랗게 붙여 놓고 있었다. 오래된 가게들을 정리해 놓은 《한국의 최고의 가게》라는 책이었다. 그 목록에는 1954년에 오픈한 메밀국숫집 〈미진〉도 들어가 있었다.

가게 안은 정말 북적북적했다. 혼자 메밀국수를 먹으러 오는 사람도 꽤 많았다. 스피드한 분위기 속에서 우리는 서둘러 **메밀국수**와 **메밀전병**, 그리고 **메밀묵채**를 시켰다. 내가 생각해도 너무 많이 시킨 것 같긴 했지만, 이것도 먹고 싶고 저것도 먹고 싶은 바람에 그만……

메밀국수는 양에서부터 승부수를 띄우고 있었다. 보통 메밀국숫집에서 한 판에 두 덩이가 나온다면 여긴 딱 두 배, 즉 두 판에 네 덩이가 나왔다. 게다가 주전자에 쯔유를 가득 담아 한 테이블에 하나씩 과감하게 놓아 주어서 마음껏 먹을 수 있다. 우리가 그동안 메밀국수의 쯔유 때문에 얼마나 아쉬워했던가. 쯔유에 무즙과 다진 파를 취향대로 넣고 메밀국수를 담가 먹는 맛은 그야말로 일품이었다. 보통 쯔유 특유의 너무 달거나 센 맛 때문에 아쉬워하는 사람들도 있는데, 여기는 달달한 맛이 별로 없었다. 그래서 더욱 담백하게 먹을 수 있었다.

메밀국수 / 무려 두 판에 네 덩이가 나오는 메밀국수는 양도 두 배, 맛도 두 배~

메밀국수 / 쯔유가 한 주전자 가득 나와서 무즙이나 파를
취향대로 다양하게 넣어 먹을 수 있다.

메밀묵채는 시원하게만 먹어 봤는데, 이곳에서는 뜨끈한 국물에 넣어서 내왔다. 쌉싸름한 맛이었는데, 나름 매력이 있었다. 하지만 뭐니 뭐니 해도 여름에는 역시 메밀국수가 최고!

메밀전병은 돌돌 말아서 만든 만두와 비슷했다. 어찌 보면 멕시코 음식인 브리또와 비슷하기도 했다. 브리또는 멕시코식 전병이라고 할 수 있는 또띠아 안에 만두소처럼 콩이나 고기 등을 넣고 네모나게 말아서 먹는 음식이다. 지역에 따라 얻을 수 있는 식재료가 다르다 보니 메밀전병은 메밀과 밀가루로, 또띠아는 옥수수와 밀가루로 만든다는 것만 다를 뿐이다. 물론 속

메밀묵채 / 뜨끈한 국물에 말아서 나오는 메밀묵채는 나름 독특하고 매력적이다.

메밀전병 / 돌돌 말린 모양새가 만두나 멕시코의 브리또를 연상시킨다.

에 들어가는 재료 역시 지역에 따라 달라질 것이다. 돼지 창자를 이용해서 만드는 순대가 강원도로 가면서 오징어를 이용해서 만드는 '오징어순대'로 재탄생했듯이 말이다.

재미있는 것은, 메밀전병은 지져서 만들기 때문에 떡으로 불리고 브리또는 오븐에 굽기 때문에 빵으로 불린다는 사실이다. 이 역시 해당 지역의 음식문화라 할 수 있다. 메밀전병이든 브리또든 만두피와 같은 찰기가 별로 없기 때문에 돌돌 말거나 접는 방식을 택한 건지도 모르겠다.

메밀전병은 메밀 특유의 맛에다가 김치만두와 비슷한 만두소 덕분에 개성 있는 맛을 냈다. 한마디로 말하자면, 그럼에도 불구하고 '맛있었다!' 처음엔 돌돌 말아져 있지만 돌아다니다 보면 풀어질 것 같은데, 휴대성에 대한 문제만 해결한다면 이동하면서도 쉽게 먹을 수 있는 음식이 될 수 있지 않을까. 누가 그런 건 개발 안 하나 싶다. ◆

미진

영업시간 : 10:00~22:00

브레이크 타임 : 없음

휴일 : 없음

전화 : 02-730-6198

주소 : 서울시 종로구 종로1가 24번지 르미에르 건물 1층

주차시설 : 건물 지하 주차장에서 1시간 무료 주차 가능

˙냉메밀 6,000원   ˙메밀전병 5,000원
˙온메밀 6,000원   ˙메밀묵채 10,000원
˙비빔메밀 6,000원

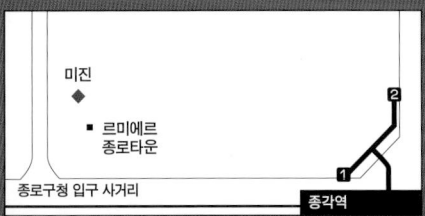

1호선 종각역 1번 출구로 나와 직진하면 보이는 르미에르 종로타운 1층에 위치해 있다. 종로타운 입구에서 오른쪽을 보면 바로 〈미진〉이 보인다.

2. 깃대봉 냉면

✦✦✦

　　매운 냉면으로 유명한 〈깃대봉 냉면〉은 왠지 설렘을 주는 곳이었다. 매운맛을 좋아하는 내게 도전정신을 들끓게 하는 곳이었다고나 할까? 그곳을 찾던 때는 하늘이 우중충한 날이었는데, 우리는 둘 다 무슨 생각에서인지 우산을 가지고 가지 않았다.
'도대체 얼마나 매운 것일까?'라는 호기심이 들면서도, '매워서 죽을 것 같으면 어쩌지……'라는 두려움도 함께 일었다. 그래서 혹시나 하는 마음에 만두 한 접시를 함께 시켜 보기로 했다. 거기에다 아주 매운맛을 주문하기에는 덜컥 겁이 나서 보통 매운맛(원조)으로 주문했다. 중고나라 소심녀는 나보다 더 겁이 났던지 순한 맛으로 시켜 버렸다.
보기에도 시뻘건 것이 매움의 극치를 보여 줄 것으로 판단되었으나, 막상 먹어 보니 그렇지도 않았다. 매운맛에 약한 중고나라 소심녀는 한 젓가락 먹어 보더니 바로 '쓰읍' 소리를 내며 "맵다, 매워!"라고 호들갑을 떨었지만 말이다.
중고나라 소심녀가 주문한 순한 맛은 고추장이 아예 들어가지도 않은 그야말로 '하얀 냉면'이었다. 나중에는 비빔냉면의 맛이 나지 않는다면서 매운 소스를 부탁해서 더 넣어 먹었다. 내가 주문한 보통 매운맛은 그야말로

깃대봉 냉면 / 매운맛을 좋아한다면 망설이지 말고 아주 매운맛을 주문해야 한다.

'보통'으로 매워서 나중에는 국물까지 들이마시는 시추에이션이 벌어졌다. 그러니 매운 것을 좋아한다면 '아주 매운맛'으로 추천한다.

매운맛을 중화시키는 역할을 담당해야 했던 만두는 비록 그 빛이 바랬지만, 만두를 좋아하는 사람으로서 맛있게 먹었다. 하지만 확실히 만두 전문점이 아니다 보니, 맛은 그다지 뛰어나지 않은 '그냥 만두'였다.

누들로드를 다니면서 확실하게 느낀 것은, 오랜 세월 동안 가게를 유지해 온 곳은 확실히 뭔가 다르긴 달랐다는 것이다. 또한 한 가지 음식을 전문으로 하는 곳 역시 다른 점이 분명히 있었다. 예를 들어 맛있는 바게트 빵을 먹고 싶다면, 동네를 점령하고 있는 〈파리바게트〉나 〈뚜레쥬르〉보다는 바게트 빵 전문 베이커리를 찾아갈 것이다. 대기업의 거대 자본이 잠식하지 못하는 부분이 바로 그런 것 아닐까?

매운 냉면의 경우에는 호불호가 갈리는 편이다. 매운맛은 자극적이기만 하

매운맛이 부족하다면 양념을 추가할 수 있다.

다고 싫어하는 사람도 있고, 참으로 맛있게 매워서 다른 것은 다 필요 없다는 사람도 있다. 세상에는 모든 사람을 만족시키는 '단 하나의 것'은 존재하지 않는다. 그 점이 신기하기도 하지만, 바로 그렇기 때문에 더불어 살아갈 수 있는 게 아닐까.

다음에는 〈깃대봉 냉면〉과 함께 거론되곤 하는 건너편의 〈낙산냉면〉에 가 보기로 했다. 이곳에서 매운맛에 대한 자신감을 얻었기에, 〈낙산냉면〉에서는 기필코 가장 매운맛을 먹어 보기로 결심했다.

식당 문을 나서니 비가 쏟아지고 있었다. 이 세상에서 우산을 구입할 때 쓰는 돈이 가장 아깝다는 정신으로 무장한 주제에 항상 근거 없는 자신감으로 우산 없이 나오는 버릇이 이번에도 여지없이 드러나고 말았다. 내가

만두 / 매운 것이 두렵다면 만두를 추가하는 것은 기본~

'더 이상 우산을 살 순 없다'라는 이상한 논리를 내세워 비를 맞고 갈 기세를 보이자, 중고나라 소심녀는 말없이 길 건너편에 있는 마트에 가서 우산을 사 왔다. 그러곤 기다리고 있는 나를 카메라로 찍었다. 참으로 한적한 오전이었다. ◆

깃대봉 냉면

영업시간 : 10:00~22:00

브레이크 타임 : 없음

휴일 : 설날, 추석 당일

전화 : 02-762-4407

주소 : 서울시 종로구 숭인1동 56-25번지

주차 : 없음. 가게 앞 숭인 주차장에서 40분 무료 주차 가능

* 냉면(곱빼기) 7,000원
* 냉면(보통) 5,500원
* 만두 4,000원

창신역 4번 출구로 나와서 약 250m 정도 직진하면 왼편에 주차장과 함께 〈깃대봉 냉면〉 간판을 볼 수 있다.

3. 낙산냉면

✦✦✦

매운 냉면 먹기 제 2탄. 이번에는 〈낙산냉면〉이었다. 친애하는 마케팅 구루인 알 리스는 말했다. 브랜드는 진화의 법칙처럼 새로운 줄기로 나뉘면서 탄생한다고. 그러니까 냉면이 하나의 큰 줄기라면, 다시 평양냉면이나 오장동의 함흥냉면처럼 그보다 작은 새로운 줄기로 나누어지면서 각자의 브랜드로 진화한다는 것이다. 그리고 그 브랜드가 이른바 레드오션이 되면 다시 새로운 줄기를 만들어 내야 하는데, 그것이 바로 매운 냉면이 아니었을까? 이렇게 냉면은 진화해 왔다. 아직 먹어 보지는 못했지만, '속초 코다리 냉면'도 유명하다고 한다. 이 냉면 역시 새로운 줄기로 뻗어 나와 관련 세계를 더욱 풍성하게 만들어 냈다.

이러한 냉면의 세계에서 하나의 브랜드로 정착하려면, 이와는 또 다른 냉면을 선보여야 한다. 〈낙산냉면〉의 경우에는 **얼큰이**라고 부르는 아주 매운맛 냉면을 보유하고 있다. 당연히 나는 얼큰이로 주문했다. '혹시

01 '구루'란 원래 힌두교나 불교 등에서 자아를 터득한 신성한 교육자를 가리키며, 여기서는 마케팅 분야에서 타의 추종을 불허하는 대가를 의미한다.
02 마케팅의 바이블로 불리는 《포지셔닝》《마케팅 불변의 법칙》 등을 집필한 세계적인 마케터이다.

얼큰이 / 기본적인 식초와 설탕 맛이 강해서 내 입맛에 잘 맞았다.

나 매워 죽을 것 같으면 어떻게 하지?'라는 두려움을 약간은 가지고 있었기에, 만두 등의 사이드 메뉴가 없다는 것이 조금 아쉬웠다. 중고나라 소심녀는 보통 맛인 **낙산냉면**을 주문했다.

냉면의 간이 안 맞으면 아줌마를 불러 달라는 재미있는 안내문이 붙어 있었다. 맛이 입맛에 맞지 않으면 조정이 가능하다는 전제 조건이 있으니 심리적으로 안정을 찾을 수 있는 '안심 시스템'이라고나 할까?

〈깃대봉 냉면〉과 다른 점은 식초와 설탕 맛이 강하다는 것이었다. 물론 두 곳 모두 알아서 적절하게 추가할 수 있지만, 〈낙산냉면〉의 경우에는 기본 맛이 좀 더 강했다. 하지만 내 입맛은 〈낙산냉면〉 쪽에 더 점수를 주고 있었다. 아주 매운맛이긴 하지만 내가 평소 즐겨 먹는 붉닭발에는 한참 못 미치기 때문에 기분 좋게 먹을 수 있었다. 앞에 앉은 중고나라 소심녀는 연신 '쓰읍' 소리를 내며 육수를 퍼마시고 있었다.

가끔 덥고 열 받는 날, 가서 한 그릇 먹으면 스트레스는 확실하게 풀릴 것 같다. 맵고, 시원하고……. 이건 시원한 것도 아니고, 땀이 뻘뻘 나는 것도 아니야!

그래도 매운 것을 먹었으니 혀는 그렇다 쳐도 위는 놀랐을지도 모른다면서, 괜한 핑계를 만들어 아이스크림을 먹기 위해 편의점으로 들어갔다. 그때 납작한 와플 모양의 아이스크림이 눈에 들어왔다. 중고나라 소심녀는 먹을 거냐고 물었을 때는 굳이 사양하더니, 내 권유로 한입 먹더니만 집에 가서 그 맛이 계속 생각난다며 온 동네를 찾아 헤맸다고 한다. 애가 임신을 하더니 아이스크림에 중독이 된 탓이다. 비슷한 맛도 허용이 안 되고, 꼭 그 맛을 봐야만 직성이 풀린단다. 그러게 왜 굳이 거절을 했니? ♦

낙산냉면

영업시간 : 10:00~21:00

브레이크 타임 : 없음

휴일 : 첫째, 셋째 화요일

전화 : 02-743-7285

주소 : 서울시 종로구 창신동 81-8번지

주차시설 : 주차장은 없으나, 주차 도우미는 있음

*특냉면(곱빼기) 7,500원   *덜매운냉면(양념 조금) 5,500원
*얼큰이(아주 매운) 5,500원   *순한냉면(양념 없음) 5,500원
*낙산냉면(보통 매운) 5,500원

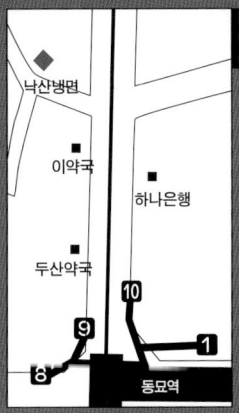

동묘역 9번 출구로 나와 약 100m 직진하다 골목으로 좌회전하여 조금만 들어가면 오른편에 〈낙산냉면〉이 있다.

4. 골동면

✦✦✦

'골동면'이라니, 이름부터 뭔가 골동골동한 것이 한번 먹어 보고 싶은 생각이 굴뚝만큼 들게 하는 면 요리였다. 비 오는 어느 날, 툭 하면 줄 서서 기다려야 한다는 소리에 일찌감치 대학로로 향했다.

이 음식은 《동국세시기》[01]에도 등장한다. "메밀국수에 잡채, 배, 밤, 소고기, 돼지고기, 참기름, 간장 등을 넣어서 섞은 것을 골동면이라 한다. 나부영(羅浮穎)이라는 노인이 여러 가지 식품을 섞어서 만든 갱(羹)을 골동갱이라 한 데서 유래했다. 골동이란 뒤섞는다는 뜻이다. 지금의 잡면은 이와 비슷한 것이다."라고 기록하고 있다. 고추장처럼 색감이 있는 양념장을 따로 사용하지 않아 독특하다고만 생각했는데, 역사가 있는 음식이었다.

우리는 바로 그 **골동면**과 **김치말이 주먹밥 세트**, 그리고 빠뜨리지 않고 **납작만두**도 주문했다. 납작만두는 주문하면 바로 납작납작하게 구워 주는데, 전용 요리 공간도 따로 있었다. 마침 비도 오고 〈골동면〉의 내부 분위기도 그렇고, 이상하게 막걸리가 생각나는 날이었다.

가장 먼저 우리 앞에 도착한 음식은 주먹밥이었다. 김가루에 대충 뭉친 것 같은 모양새였지만 맛은 있었다. 가끔 여행을 다닐 때 식비를 아끼려고 도시락용 김으로 못난이 주먹밥을 만들어 들고 다니면서 먹곤 하는데, 그보

---

01 조선 후기의 학자 홍석모가 쓴 세시풍속서로, 한국 고래의 연중 행사와 풍속들을 설명하고 정리한 활자본이다. 1849년에 발행되었으며, 민속을 다룬 책 중에서 가장 자세한 기록이 담겨 있다.

납작만두 / 모양을 그대로 연상시키는 이름, 만두를 좋아하는 나는 더 먹고 싶을 뿐이었다.

다는 훨씬 뛰어났다. 김치말이국수와 함께 먹기 위해 일단 참고 기다렸다. 그러고 있자니 국수는 안 나오고 납작만두가 먼저 등장했다. 오오, 만두도 좋아하는 나는 눈이 튀어나올 뻔했다. 납작만두의 저 먹음직스러운 자태라니, 손이 간다, 손이 가.

주먹밥을 먼저 해치우고 납작만두를 먹고 있을 즈음, 김치말이국수와 골동면이 차례로 나왔다. 비 오는 날에 먹는 김치말이국수도 제법 운치 있었다. 이곳에서도 김치말이국수는 시원하고 깔끔한 맛이었다. 사실 그 맛으로 먹는 거 아닌가!

골동면 / 처음 먹어 보는 골동면에서 구절판의 맛이 배어 나왔다.

김치말이국수 / 역시 나를 실망시키지 않는 시원하고 깔끔한 맛이었다.

그 다음은 드디어 우리의 골동면. 어디선가 먹어 본 듯한 맛이었는데, 마치 구절판을 먹는 듯하다는 결론을 내렸다. 물론 구절판이 더 비싸고 고급스러운 음식이지만, 밀전병에 여덟 가지 음식을 싸서 먹는 것이니 맛이 비슷할 수도 있지 않을까. 아니라고 해도 할 말은 없다만……. 여튼 독특하니 제법 맛있었다. 꼭 양념이 강할 필요는 없다는 것을 알게 해 준 두 번째 사례였다. 참고로 첫 번째는 〈르 사이공〉에서 먹어 본 베트남식 비빔국수였다. 처음에는 낯선 이름의 국수가 신기해서 가 본 곳이지만, 너무 맛있어서 가끔 생각날 것 같다. 대학로 근처에 가면 또 들를 것 같은 국숫집 베스트에 드는 곳이다. 아, 이 세상에는 정말 맛있는 음식들이 너무 많은 것 같다. ♦

골동면

영업시간 : 11:45~21:30

브레이크 타임 : 없음

휴일 : 명절 당일과 전날

전화 : 02-764-5113

주소 : 서울시 종로구 동숭동 1-45번지

주차시설 : 가게 앞에 잠깐 주차 가능. 뒤편에 유료 주차장이 있음

- 골동면 4,500원
- 김치말이국수 4,500원
- 김치말이 주먹밥 세트 5,000원
- 납작만두 5개 2,000원 / 10개 3,500원
- 골동반 5,000원

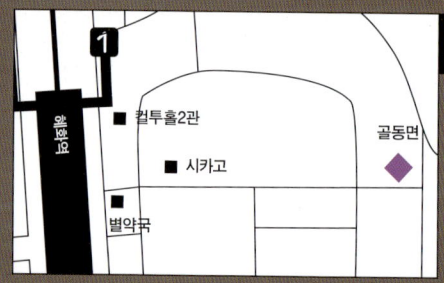

4호선 혜화역 1번 출구로 나와 반대편으로 돌아서 직진한 후, 별약국 옆 작은 골목으로 들어와 약 150m 정도 직진하면 왼편에 위치해 있다.

5. 사가라멘

✦✦✦

'사가라멘'은 일본에서 건너온 브랜드로, 본사는 1974년에 오픈하여 라멘 하나로만 일곱 개의 직영점을 운영하고 있는 곳이다. 돈코츠라멘이 가장 유명하며, 홍대입구의 〈하카다분코〉와 마찬가지로 사가라는 일본 지명을 따서 만든 이름이다. 물론 일본회사가 짓긴 했지만.
가게의 내부는 작은 편이지만, 공간을 아기자기하게 잘 활용하고 있었다. 한쪽에는 신발을 벗고 들어가야 하는 작은 공간도 마련되어 있었다. 다른 공간과 심리적으로 단절되는 효과를 주기 때문에 모임 뒤풀이 장소 같은 걸로 활용하면 좋을 것 같았다.
화장실도 가게 안에 있었는데, 들어가 보니 상당히 좁았다. 웬만하면 화장실에 대해선 잘 언급하지 않는 편인데, 너무 재미있어서 소개해 본다. 그곳은 한 사람이 들어가면 꽉 찰 정도 되는 너비의 긴 직사각형 모양으로 이루어졌는데, 그렇게 좁았음에도 필요한 건 다 있었다. 내 몸뚱이도 날씬한 것과는 거리가 먼데, 나보다 더한 사람은 움직이기조차 어렵지 않을까 걱정될 정도였다. 하지만 꽉 끼더라도 없는 것보다는 훨씬 낫고, 공간 활용으로는 정말 최고라는 결론을 내렸다.
돼지 비린내에 강한 나는 돈코츠라멘 중에서도 〈사가라멘〉의 진수를 맛볼 수 있다는 **돈울트라라멘**을 시켜 보기로 했다. 아마 양에 있어서도 일반 돈

돈울트라라멘 / '울트라'라는 이름답게 일반 돈코츠라멘에
비해 풍부한 양을 자랑한다.

코츠라멘에 비해 '울트라'일 것으로 판단되어, 우리는 라멘을 더 시키지 않고 **교자**만 하나 더 시켰다.

돈울트라라멘은 정말로 푸짐했다. 차슈의 양 역시 울트라라고 할 만했다. 솔직히 말하면, 혼자서도 다 먹을 수는 있을 것 같았다. 나는 라멘을 사랑하니까. 특히 차슈가 듬뿍 올라가 있는 돈코츠라멘을 정말 좋아한다. 정성을 다해서 끓이는 라멘 육수는 한국의 사골과 비교해도 들어가는 재료만 다를 뿐 그 개념은 같다고 본다. 거기에 토핑되어 있는 차슈까지……. 돈울트라라멘을 보다가 일반 돈코츠라멘을 보니 빈약하기 그지없었다.

라멘은 먹어 보니 역시나 양도 풍부하고 맛도 그만이었다. 곧이어 나온 교자는 바삭바삭하게 잘 구워져서, 시원한 맥주와 함께 먹어도 좋을 것 같았다. 우리 옆 테이블에는 중년의 아주머니가 혼자 라멘을 먹고 계셨다. 안 보는 척 하면서 조심스럽게 슬쩍 봤는데, 그 모습이 낯설면서도 뭔가 마니아적인 냄새가 풍겨서 좋았다.

일본의 방송 프로그램인 〈The 라멘〉을 본 적이 있다. 지역별로 유명한 라멘집을 찾아가 맛을 보는 '라멘로드' 콘셉트의 영상물이었다. 라멘도 라멘이지만, 그렇게 전국을 돌 수 있다는 것이 정말 부러웠던 기억이 난다. 우리도 전국적으로 누들로드를 다닐 수 있다면 얼마나 좋을까? 더 나아가 일본의 라멘, 이탈리아의 파스타, 베트남의 쌀국수 등을 먹으러 전 세계를 돌아다닐 수 있다면 얼마나 좋을까?

동족 커뮤니티[01]가 커지면 커질수록 마니아들이 살아가는 데 부족함도 덜

01 같은 콘셉트를 좋아하는 사람들의 커뮤니티를 가리키는 말로, 필자가 만든 신조어이다.

이 교자를 먹으면서 시원하게 맥주 한잔했으면 좋겠다는 생각을 했다.

해질 것이다. 그런 면에서 마니아가 많은 일본의 문화는 재미있기도 하고 부러운 면도 있는 게 사실이다. 그렇게 라멘집에서 일본의 마니아 문화에 대해 사색해 봤다. 한국에서도 서서히 마니아 문화가 활발해지고 있는 것 같으니, 나름 이 시대도 살아볼 만하다는 결론을 내렸다.

가게 앞에는 소원이 적힌 작은 나무판들이 벽면을 가득 메우고 있었다. 그 자체로 너무 예뻐서 멀리서도 한번쯤 쳐다보게 되는 소품이었다. 많은 사람들이 거기다가 자신의 이야기들을 적어 놨으니, 그야말로 아날로그형 SNS나 다름없다고 할 수 있겠다. ♦

사가라멘

영업시간 : 10:00~23:30
브레이크 타임 : 없음
휴일 : 없음
전화 : 02-741-6645
주소 : 서울시 종로구 명륜동 4가 103-2번지
주차시설 : 없음. 가게 옆에 유료 주차장이 있으나 공간이 협소함
사이트 : http://www.sagaramen.co.kr

- 돈코츠라멘 6,000원
- 돈울트라라멘 10,000원
- 미소라멘 6,000원
- 나가사키 짬뽕 12,000원
- 교자 3,000원

4호선 혜화역 3번 출구로 나와서 반대쪽으로 직진한 후 커핀그루나루 골목으로 진입하면, 오른쪽에 〈사가라멘〉이 위치해 있다.

삼청동 편

눈나무집(雪木軒)

쿠얼라이(QuoLai)

황생가(黃生家) 칼국수집

수와래(soowarae)

1. 눈나무집(雪木軒)

✦✦✦

'설목헌(雪木軒)'의 뜻을 한글로 그대로 옮겨 보면 정말 '눈나무집'이 된다. 그런데 왜 하필 '눈나무'일까? 1대 사장님이 시인이었다고 하니, 그 덕분에 이처럼 근사한 이름이 나올 수 있었나 보다. 그래서인지 〈눈나무집雪木軒〉의 첫 번째 가게였던 지하 1층의 작은 공간은 왠지 예술을 하는 사람들이 옹기종기 모여서 이야기를 나누는 광경이 연상되는 곳이었다. 이 〈눈나무집〉이 **김치말이국수**와 **떡갈비**로 유명해지자, 그 맞은편에 3층짜리 별관을 지어 별도로 운영하게 되었다. 말이 3층 건물이지 주택을 개조해서 좁게 층을 올린 형태였다.

우리는 "그래도 원조!"를 외치면서 오래된 곳을 찾아간 터였다. 그러곤 〈눈나무집〉을 유명하게 만든 두 주인공인 떡갈비와 김치말이국수를 주문했다. '떡갈비'라고 하니 광주에 위치한 송정 떡갈비타운에서 먹어 본 기억이 떠올랐다. 떡갈비는 소고기와 돼지고기를 반반씩 섞어 네모난 모양으로 만들어 숯불에 구운 음식이다. 소고기로만 만들면 너무 퍽퍽해지기 때문에 돼지고기를 적당히 섞는데, 이 돼지고기의 양에 따라 맛도 달라지고 가격도 달라진다고 할 수 있다. 떡갈비 전문점마다 이 둘을 섞는 황금비율이 존재한다는 이야기도 전해지고 있다.

01   현재 원조 〈눈나무집〉인 설목헌은 대학로로 이전한 상태이다. 하지만 맞은편에 있는 3층 건물의 〈눈나무집〉은 여전히 영업 중이다. 이제 대학로에서도 김치말이국수와 떡갈비의 시대가 열리는 걸까?

삼청동 편   311

떡갈비 / 학창시절에 먹던 떡꼬치를 떠올리게 하는 떡볶음은
이곳에서만 맛볼 수 있는 별식이다.

〈눈나무집〉의 떡갈비는 확실히 그런 전문점에서 맛볼 수 있는 수준까지는 아니었다. 하지만 경쟁을 피하려면 차별화를 시키라고 했던가. 이곳의 떡갈비에는 **떡볶음**이 한자리를 차지하고 있었다. 떡갈비의 소녀 버전이라고나 할까? 학창시절에 먹던 떡꼬치의 추억을 간직하고 있다면, 이 떡볶음에서도 분명 추억을 떠올릴 수 있을 것이다. 비록 양념은 없지만, 떡꼬치와도 닮아 있기 때문이다.

억세지 않고 깔끔한 맛의 김치말이국수와 함께 떡갈비를 먹으니 제법 조화가 잘 이루어졌다. 아껴 먹어야 될 것 같은 떡볶음 일곱 개는 더없이 아쉬웠다. 나중에 알게 된 사실인데, 메뉴판에 적힌 떡볶음을 주문하면 간단히 해결할 수 있는 문제였다. 하지만 아쉬운 만큼 고스란히 기억 속에 각인되

김치말이국수 / 떡갈비와 김치말이국수는 어느새 한몸이 되어가고 있었다.

었으니, 그것도 나쁘지 않았다.

〈눈나무집〉 덕분에 공식이 하나 더 생길지도 모르겠다. 최근 사람들과 함께 양념갈비에는 물냉면, 삼겹살에는 비빔냉면이라는 우리만의 조합을 탄생시켰듯이, 떡갈비엔 김치말이국수라는 조합도 전국적으로 퍼질 수 있을 거라는 생각이 든다(이미 퍼졌다고? 하지만 내가 광주광역시 송정 떡갈비 타운에 갔을 때는 칡냉면을 팔고 있었다).

삼청동으로 진출한 우리는 마을버스를 타고 올라 갔다가, 걸어서 내려오기로 했다. 중고나라 소심녀가 강력 추천한 에그타르트를 맛보고 싶었기 때문이다. 삼청동은 두말하면 잔소리 격으로 참 예쁜 동네였다. 삼청 파출소가 있는 골목으로 들어서자, 아기자기한 상점들이 보이기 시작했다. 쌀가게에서 파는 떡꼬치도 보였고, '나는 아이스크림'이라 선언한 가게도 보였다. 떡이 아닌 커피를 만들어 내는 방앗간도 있었다.

재미있는 골목 탐험을 마치고 도착한 곳은 〈앤드류스 에그타르트〉였다. 아주 작은 공간에 여러 종류의 타르트가 진열되어 있었다. 가장 기본이 되는 에그타르트의 가격이 2,200원이어서 조금 놀랐으나, 맛있다는 정보를 믿고 다섯 개를 살포시 포장해 가 보기로 했다. 그런데 그 맛은 2,200원이 전혀 아깝지 않을 정도로 환상적이었다. 처음에는 '저 작은 게 2,200원이야?'라고 놀랐지만, 이제는 근처에 가면 일부러라도 들러서 먹고 싶을 정도다. 혹자는 양을 기준으로 볼 때 돈이 아깝다고 이야기하는데, 양이든 질이든 그 정도의 가치가 있다고 인정하기만 하면 괜찮은 거다. 양만 많고 맛이 없는 음식은 아무리 싸더라도 돈이 아까운 법 아닌가.

다음에는 누들로드가 아닌 푸드로드를 기획해서 더 다양한 음식을 먹어 보겠노라고 슬며시 다짐하는 나였다. ◆

눈나무집(雪木軒)

영업시간 : 11:30~21:30

브레이크 타임 : 없음

휴일 : 보통 월요일마다(어떨 땐 다른 요일에 쉼)

전화 : 02-725-3712(3층 눈나무집 : 02-739-6742)

주소 : 서울시 종로구 삼청동12-5번지(3층 눈나무집 : 서울시 종로구 삼청동 20-8번지)

주차시설 : 없음(3층 눈나무집은 발레 파킹 2,000원)

* 김치말이국수 5,000원
* 김치말이밥 5,000원
* 떡볶음 1인분 3,000원
* 떡갈비 1인분 8,000원

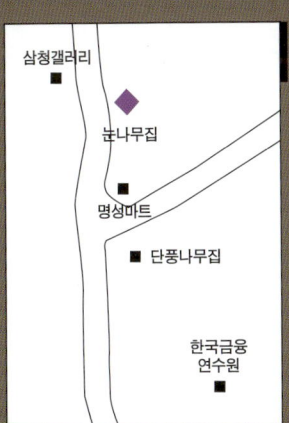

삼청동길에서 한국금융연수원을 지나 약 200m 정도 더 올라가면 오른편에 〈눈나무집〉이 있다. 본점이었던 〈설목헌〉은 그 맞은편에 위치해 있다가 대학로로 이전했다.

2. 쿠얼라이(QuoLai)

✦✦✦

　　중국식 냉면도 꼭 먹어 보리라 생각하고 시작한 누들로드였다. 물론 이 세상의 모든 면 요리를 먹어 볼 수도 없거니와 그게 다 서울에 존재하는 것도 아니지만, 중국식 냉면은 꼭 먹어 보고 싶었다. 그들은 과연 냉면을 어떻게 해석하고 응용했을까?

냉면은 우리나라 고유의 음식으로, 문헌의 기록에 따르면 조선시대 때부터 즐겨 먹은 것으로 추측된다고 한다. 그렇기 때문에 중국의 냉면은 한국의 냉면을 그들의 방식으로 응용한 것이라고 할 수 있다. 일본의 나가사키 짬뽕이 19세기 말 고학생 동포들의 배곯는 현실을 안타까워 한 나가사키 지역의 중국인 요리사가 손쉽게 구할 수 있는 재료를 섞어서 국수를 만들어 나누어 준 데서 유래했듯이 말이다.[01]

점심시간 전에 찾아갔더니 아직 손님이 아무도 없었다. 우리가 들어가자 직원들이 조금 난감해 하면서 몇 분이냐고 물어 왔다. 두 명이라고 하니 창가의 나머지 테이블은 전부 예약이 완료되었다면서 2인용 테이블로 안내했다. 그 말을 입증이라도 하듯, 우리를 뒤따라 들어 온 몇몇 팀들은 안타깝게도 그냥 나가야 했다. 다음부터 〈쿠얼라이QuoLai〉에 오려면 일단 예약부터 하고 봐야겠다는 생각이 들었다.

[01] 삼양라면의 '나가사끼 짬뽕' 봉지 뒷면에서 인용했다.

중국식 냉면에는 소고기 고명을 얹은 우리의 냉면과 달리 해산물이 올라와 있는 것이 가장 먼저 눈에 띄었다. 그리고 육수의 색깔과 면의 종류가 다르고, 맛도 물론 달랐다. 첨가하는 내용물에도 차이가 있었는데, 우리가 겨자나 식초 등을 넣는 반면 중국식 냉면에는 땅콩소스가 들어가 고소한 맛이 더해졌다.

참, 우리는 **춘권**도 주문했다. 이곳의 춘권도 맛이 괜찮았으나, 정독도서관 정문 근처에 있는 〈천진포자〉의 새우 춘권이 더 인상 깊었다. 어쩌나 바삭바삭하던지!

누들로딩 초반에는 둘이서 각각 음식을 시켜 먹는 것도 힘겨워 했는데(말이 되는가?), 시간이 흐를수록 남김 없이 척척 먹기 시작하더니 이제는 사이드 메뉴까지 시켜서 거뜬하게 먹는다. 심할 때는 거리를 걷다가 아이스

춘권 / 바삭바삭한 맛이 특징으로, 식사를 하면서 곁들여 먹기에 좋다.

중국냉면 / 해산물을 골라 먹는 재미가 있는 독특한
중국 냉면의 세계를 맛볼 수 있다.

크림 같은 소소한 먹거리까지 해치우고 있다. 누들로딩을 일 년만 하면 누구나 위대해질 수 있다.

다시 중국냉면으로 돌아가서, 국물은 깔끔하고 시원했으며 많지는 않아도 해산물을 골라 먹을 수 있어서 좋았다. 면도 메밀이나 고구마 전분 같은 걸로 만든 것이 아닌 짜장면의 면발처럼 밀로 만든 것 같아서 독특했다. 이쯤 되면 일본라멘 전문점에서 맛보았던 냉라멘과도 비슷하다고 할 수 있겠다. 순전히 특이할 것 같다는 이유만으로 주문한 **우육탕면**은 간이 적당히 밴 장조림 국물 같은 맛이 났다. 청경채와 버섯이 많이 들어가 있어서 고기와 함께 먹으니 맛있었다. 면 요리라는 이름 아래 이렇게 다양한 음식이 존재한다는 사실이 정말 놀라웠다. 서로서로 영향을 주고받으면서 더욱 풍부하게 가지를 뻗어 나가는 메뉴들이 그저 대견하기만 하다. ◆

우육탕면 / 독특한 맛을 기대한다면 장조림 국물 같은 느낌을 주는 우육탕면도 권할 만하다.

쿠얼라이(QuoLai)

영업시간 : 11:30~21:30

브레이크 타임 : 14:30~17:30

휴일 : 없음

전화 : 02-720-3368

주소 : 서울시 종로구 삼청동 98-1번지

주차시설 : 1대 주차 가능

· 중국냉면(계절메뉴) 9,000원
· 우육탕면 7,000원
· 해물볶음면 9,000원
· 춘권

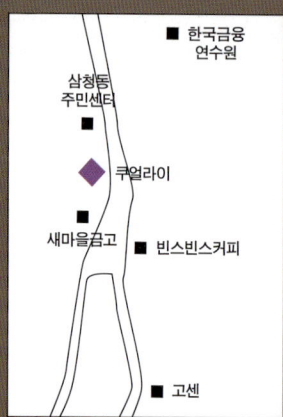

삼청동길에서 삼청 새마을금고를 지나면 지하 1층에 위치한 〈쿠얼라이〉를 볼 수 있다.

3. 황생가(黃生家) 칼국수

✦✦✦

〈황생가黃生家 칼국수〉의 옛 이름은 '북촌 칼국수'였다. 이미 알려진 이름을 바꾸는 것이 쉽지 않았을 텐데, 왜 굳이 상호를 바꿨을까? 혹시나 해서 특허청 사이트에서 상표를 검색해 보았다. '북촌 칼국수'라는 상표는 등록이 거절되어 있었고, '황생가 칼국수'는 등록이 되어 있었다. 물론 출원한 사람은 동일했다. 아마도 상표권의 문제 때문에 상호를 변경하지 않았나 싶다. 가끔 이런 거 보면, 내가 좀 집요하게 느껴지기도 한다.

그건 그렇고 〈황생가 칼국수〉에 들어가니, 손님들로 북적거리는 가운데도 아주 잘 보이는 곳에서 만두를 빚고 있었다. 이 모습 하나만으로도 자신감을 엿볼 수 있었다. 우리는 2층으로 안내받았다. 칼국수 한 그릇을 먹는데 커다란 테이블에 방석까지 깔고 앉아 있으려니, 괜히 있어 보이는 느낌도 들었다. 물론 가격대가 다르긴 하지만, 남대문 시장통에서 '겸상의 미학'을 몸소 체험하면서 칼국수를 먹던 것과는 또 다른 기분이었다.

만두를 빚는 광경을 본 뒤로 '도대체 얼마나 맛있을까?' 하는 생각이 꼬리에 꼬리를 물었기 때문에, 우리는 만두를 먹지 않을 수 없었다. 그래서 사이좋게 **사골칼국수**와 **왕만두국**을 한 그릇씩 시켜 보기로 했다.

〈황생가 칼국수〉는 2011년부로 딱 10년이 되었다. 그동안 맛은 물론이고 식

왕만두국 / 직접 빚은 만두로 만들어서인지 과연 기대한 만큼 맛이 좋았다.

당의 시스템도 잘 정비해 온 것 같았다. 직원들이 상당히 일사분란하게 움직이는 느낌을 받았다. 작은 식당 특유의 구수한 친절함은 없었지만, 불편하지 않게 일이 착착 진행되는 것도 나쁘지 않았다. 하지만 역시 손님이 많을 때는 그게 단점이 될 수도 있다. 자칫 잘못하면 너무 기계적으로 느껴져서 불친절하게 보일 수 있기 때문이다. 비단 〈황생가 칼국수〉만의 이야기는 아니다. 대형화된 식당에서는 시스템도 중요하지만 그 속에서 사람의 정이 느껴져야 한다는 것을 항상 잊지 말아야 한다.

칼국수는 국물의 진한 맛에서 오는 여운이 감돌았다. 〈명동교자〉의 칼국수와 비슷한 맛이 났는데, 그곳의 칼국수가 고기맛이 더 강했다. 왕만두국은 예상대로 맛있었다. 내 속의 공간만 더 확보될 수 있다면 두 그릇이라도 먹

사골칼국수 / 사골을 우려낸 국물의 진한 맛을 느낄 수 있다.

매장에서 직접 만두를 빚는 것을 볼 수 있다.

을 수 있을 것 같았다.

북촌과 삼청동 일대는 외국인 관광객들도 많이 찾는 곳이라서 유명한 식당은 항상 붐볐다. 개인적으로 삼청동에 갈 일이 있어 다시 〈황생가 칼국수〉 앞을 지나게 되었는데, 손님들이 어마어마하게 줄을 서 있었다. 오 마이 갓! 어쩌면 모리오카 냉면처럼 우리의 칼국수도 일본으로 진출할 수 있지 않을까 싶은 생각이 든다(혹시 벌써 진출해 있으려나?). ♦

황생가(黃生家) 칼국수

영업시간 : 11:00~21:30(주문은 20:40까지)

브레이크 타임 : 없음

휴일 : 명절

전화 : 02-739-6339

주소 : 서울시 종로구 소격동 84번지

주차시설 : 6~7대 주차 가능

*사골칼국수 8,000원

*왕만두국 8,000원

*왕만두 8,000원

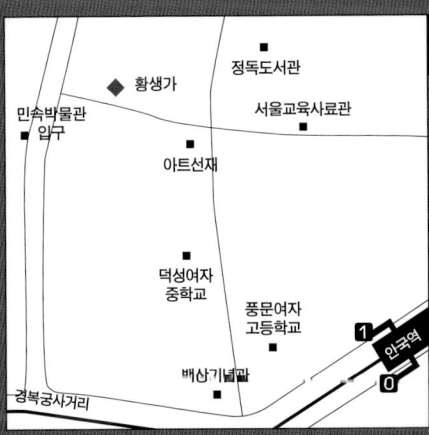

3호선 안국역 1번 출구로 나와 풍문여자고등학교 골목으로 진입, 정독도서관까지 직진하다 우회전하여 약 150m 정도 더 가면 오른편에 위치해 있다.

4. 수와래(soowarae)

✦✦✦

　　삼청동에는 파스타 가게가 꽤 많은 편이다. 그중에서 어디를 갈까 고민하다가 건물의 외양이 예뻐서 찾아간 곳이 바로 〈수와래soowarae〉였다. 상호를 듣는 순간 예능 프로그램인 〈무한도전〉의 '하와수(정준하와 박명수)'가 떠올라서 웃음이 나기도 했다. '수와래'는 물 수(水)와 올 래(來)를 써서 '물 흐르듯 끊이지 않고 손님이 온다'라는 뜻을 담은 이름이다. 왠지 어색한 문자들의 조합 같긴 하지만, 여기에는 〈수와래〉 사장님의 희망사항이 담겨 있으리라고 생각한다.

사실 내부 인테리어는 고급 레스토랑과는 거리가 좀 있어 보였다. 뭐랄까, 학교를 개조한 것 같은 느낌이 감돌고 약간 옛스러운 정서도 엿보였다. 학생들이나 20대 초반의 여성들에게 어울릴 것 같은 분위기였다. 평소에는 떡볶이를 먹다가 하루 정도 기분 내고 싶을 때 가곤 하던 학교 앞 파스타 가게와 비슷했다. 분위기에 비해 가격은 학생스럽진 않았지만 말이다.

그릇까지 다 먹어 치울 수 있는 '빠네'는 빵을 의미하는 이탈리아어이다. 안에 들어 있는 파스타를 먼저 먹고, 남은 빵은 소스에 찍어 먹으면 맛있다. 〈수와래〉의 **크레마 에 빠네**는 대체로 평범했다.

그리고 내가 주문한 **오징어먹물 스파게티**가 나왔다. 고소하고 짭짤한 향이 시커먼 파스타 위로 스멀스멀 올라왔다. 한입 먹으니 그 고소함이 말도 못할 지경이었다. 그러면서 슬쩍 드러나는 바다의 짭조름함이라니……. 재미있는 음식이었다. 한편으로는 한때 유행하다가 지금은 잘 찾아볼 수 없는 '오징어먹물 새우깡'의 맛도 생각났다. 먹다 보면 입술 주위와 이가 까맣게 된다는 단점이 있지만, 맛은 썩 괜찮은 편이었다. 너무 고소해서 나중에는 조금 느끼해지기도 했다.

〈수와래〉는 자체 주차장을 가지고 있는데, 삼청 파출소 골목으로 들어가면 왼편에 위치해 있다. 미처 몰랐는데, 우리가 〈눈나무집〉을 다녀오는 길에 골목 탐험을 하면서 들렀던 곳이었다. 쌀집에서 떡꼬치를 팔던 바로 그 골목. 우리는 주차장의 위치를 확인하고 가면서 〈윤비네 싸롱〉에서 뻥튀기 아이스크림을 하나 사 먹기로 했다. 뻥튀기 아이스크림은 뻥튀기 두 장을 햄버거 빵처럼 사용하고 그 속에 아이스크림을 잔뜩 넣어 먹는 형태로 되어 있다. 내가 그 존재를 처음 알게 된 곳은 은마아파트 상가에 있는 떡볶이 가게였다. 그곳에서는 떡볶이와 함께 먹을 수 있도록 뻥튀기 아이스크림을

오징어먹물 스파게티 / 짭조름한 바다의 맛을 느껴 보고 싶다면
오징어먹물 스파게티를 추천한다.

팔았는데 정말 맛있었다. 마치 내가 고등학생 때 친구들과 함께 신당동으로 떡볶이를 먹으러 갈 때면 후식으로 즐기던 소프트 아이스크림 같은 멋진 조합이었다. ◆

수와래

영업시간 : 11:30~21:30
브레이크 타임 : 없음
휴일 : 명절
전화 : 02-739-2122
주소 : 서울시 종로구 삼청동 35-116번지
주차시설 : 종로구 화동 80번지(삼청 파출소에서 우회전)에 주차장 보유(2시간 무료)
사이트 : www.mr-kang.com

* 오징어먹물 스파게티 16,000원
* 크레마 에 빠네 15,500원
* 뽀모도로 13,000원
* 빼스카토레 15,000원
* 알리오 올리오 13,000원

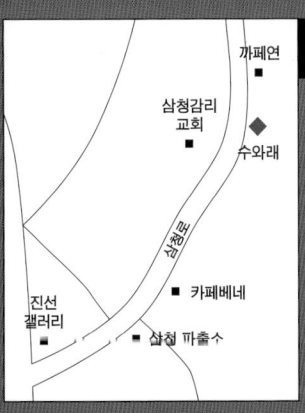

삼청동길 삼청 파출소를 지나 약 150m 정도 직진하면 오른편에 위치해 있다. 차를 가져간다면 삼청 파출소 골목으로 들어가 왼편에 위치한 전용주차장을 이용하면 된다.

✦✦✦

기타 편

아마센(天泉)

동문 우동 전문점

을밀대

1. 아마센(天泉)

✦✦✦

　　〈아마센天泉〉은 건대입구에 위치한 일본식 부대찌개 전문점이다. 이곳에서는 부대찌개 외에도 우동을 먹을 수 있는데, 특히 여름에만 맛볼 수 있는 **아이스우동**이 있어서 자주 들르곤 한다. 그리고 갈 때마다 하나씩 꼭 사 먹곤 하는 **온센타마고**는 가히 별미다.

　그리하여 이번에도 당연히 아이스우동, **나베야끼우동**, 그리고 **가키아게**와 함께 온센타마고를 시켰다. 너무 많이 시켰나?

　〈아마센〉의 사장님께서는 '우동은 왜 늘 뜨거워야 하지?'라는 의문과 '차가운 면은 왜 항상 새콤달콤하지?'라는 의문을 동시에 해결하기 위해 새콤달콤한 맛에다 고소함과 시원함을 더한 아이스 우동을 만들었다고 한다. 빙수처럼 갈아 놓은 얼음이 수북이 쌓여 우동을 얼게 만드는 방식이었다. 고소함은 견과류를 사용해서 해결했다. 먹다 보면 우동이 얼어서 뻣뻣해지는 걸 느낄 수 있어 더 재미있다.

　뒤이어 나온 온센타마고는, 직역하면 '온천 계란'이라는 뜻이 된다. 일본인들은 온천욕을 할 때 계란을 퐁당 담가서 익혀 먹곤 한다는데, 〈아마센〉에서 이를 대중화시켰다고 할 수 있다. 〈아마센〉에 실제 온천이 있을 리는 없으니까. 개당 500원이라는 앙증맞은 가격에 맛도 일품이다. 후르르 먹으면 새콤한 것이 끝내준다.

아이스우동 / 우동도 차가울 수 있다는 발상의 전환을 즐길 수 있다.

나베야끼우동은 말 그대로 냄비에 끓여 나오는 우동이다. 이곳에서는 손으로 직접 뽑아서 탱글탱글한 우동 면이 특징이다. 여느 우동은 면을 삶아 낸 후 토핑을 하는데 반해, 나베우동은 냄비에 한꺼번에 끓여 낸다는 데 차이가 있다. 한국에도 냄비우동이 있는데, 일본의 음식이 넘어 온 것이 아닐까 추측된다. 사실 '냄비'라는 단어는 순우리말이 아니라 '나베'라는 일본어가 잘못 건너와서 생긴 말이라고 한다.

면조차 살짝 얼어 버린 아이스우동과 함께 뜨끈한 나베야끼우동을 먹으니, 이 역시 나쁘지 않았다. 특히 함께 시킨 가키아게를 우동 국물에 적셔 먹으니 더 맛있었다. 예전에 명동에서 먹었던 '돈까스 냉면'이 생각났다. 비빔냉면과 돈까스가 함께 나왔는데, 호기심에 먹어 봤다가 생각보다 잘 어울려서 놀랐던 기억이 있다. 언뜻 비빔냉면의 소스가 바삭한 돈까스를 해

나베야끼우동 / 시원한 우동과 뜨거운 냄비우동을 함께 먹는 기회를 누릴 수 있다.

가키아게 / 우동 국물에 적셔 먹으면 더 맛있다.

칠 것 같지만, 그건 그냥 돈까스소스처럼 즐길 수 있었다. 소스가 비빔냉면의 양념소스로 바뀐 것뿐이다.

예전에는 '튀김은 바삭한 맛에 먹는 거지.'라고도 생각했으나, 우동 국물과 함께 먹어도 맛있다는 사실을 알게 된 후로는 가끔 그렇게 먹는다. 사실 앞에서 말한 돈까스 냉면도 그렇고, 우리는 튀김을 떡볶이 국물에 비벼 먹기도 하지 않는가.

우동으로 냉정과 열정 사이를 오고 가던 우리는 그만큼 둥그레진 배를 두드리며 밖으로 나왔다. 국수를 먹고 이까지 쑤실 수도 있을 것만 같은 날이었다. ◆

아마센(天泉)

영업시간 : 11:00~22:00

브레이크 타임 : 없음

휴일 : 없음

전화 : 02-425-0043

주소 : 서울시 광진구 화양동 3-33번지

주차시설 : 없음

사이트 : http://www.아마센.kr

- 붓가케우동 6,500원
- 가키아게우동 7,000원
- 나베야끼우동 6,500원
- 아이스우동 5,500원
- 온센타마고 500원
- 가키아게 1,500원

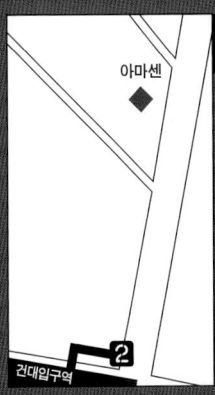

2호선 건대입구역 2번 출구로 나와서 약 300m 정도 직진하면 QOOK & SHOW 대리점 옆으로 작은 골목이나 있다. 그 안으로 들어가면 〈아마센〉이 바로 보인다.

2. 동문 우동 전문점

✦✦✦

　　모처럼 요술 상자님이 합류한 날이었다. 동부이촌동까지 가야 하는데, 교통편이 조금 애매했기 때문에 셋이서 차를 끌고 가 보기로 했다. 〈동문 우동 전문점〉은 주택가에 위치했는데, 가게가 작고 도로변에 있었기 때문에 주차할 곳이 마땅치 않았다. 잽싸게 내려 주차에 대해 물어 보니 아파트 단지 쪽에 잠깐 세워 두면 된다고 하셨다. 우리에게 드래곤볼의 캡슐이 없는 한 차를 작게 만들어 주머니 속에 넣을 수도 없으니, 그렇게 하기로 했다.

작은 공간을 활용하느라 주방과 연결된 곳에 바가 자리 잡았고, 그 뒤쪽으로 작은 테이블들이 오밀조밀하게 이어져 있었다. 우리가 들어갔을 때 가장 안쪽에 있는 테이블 하나가 비어 있었는데, 비집고 들어가면 셋이서 겨우 앉을 수 있는 자리였다. 하지만 어떠랴. 일단 엉덩이를 붙이고 앉아서 먹는 것이 우선이었다. 음식점이라고 해도 '득템'하는 결과를 낳게 해 주는 곳이라면 좁아도 좋고 기다려도 좋았다. 물론 그 이상의 불편을 준다면 아웃이겠지만.

우리는 **냄비우동**, **튀김우동**, **유부초밥**을 주문했다. 나는 〈아마센〉의 나베야끼우동에 이어 한국의 냄비우동을 맛보고 싶었고, 요술 상자님은 원래 튀김을 좋아한다고 했다. 중고나라 소심녀는 닉네임답게 소심하게 꼽사리 껴서 유부초밥을 시켰다. 원래 이곳의 유부초밥이 맛있다는 수상은 그러니 하고 넘기기로 했다.

유부초밥 / 우동과 무난하게 어우러지는 맛이었다.

유부초밥은 새콤달콤하진 않았지만, 그렇다고 밥알을 막 굴려 넣은 것은 아닌 듯했다. 적당한 공기 투입율로 잘 마무리된 모습이었다. 와사비를 푼 간장에 찍어 먹으니 그다지 튀지 않는 맛으로 우리를 반겼다.

1996년경이었나, 친구를 만나 이대 옆에 있는 한 분식점에 간 적이 있다. 그곳에서 처음으로 김밥을 와사비 간장에 찍어 먹어 봤는데, 내게는 정말 충격적인 경험이었다. 별것도 아닌데 충격 씩이나 먹는 나도 웃기지만, 당시에는 김밥을 와사비 간장에 찍어 먹는다는 발상이 새로웠을 뿐 아니라 맛도 절묘했기 때문이다. 이곳의 유부초밥에는 그런 찌릿한 맛은 없었지만, 우동과 함께 먹으니 나름 괜찮았다.

다음은 냄비우동. 〈아마센〉의 나베야끼우동과 비교하자면, 한국식 양은냄비에 유부, 오뎅 등이 토핑되어 나온다고 보면 된다. 가격 차이 때문에 들어가는 토핑 재료가 조금 다르긴 하지만, 계란 하나가 퐁당 들어가 있는 것까지 매우 유사했다. 계란은 반숙으로 익혀 나중에 먹어도 되고 살살 풀어서 국물에 섞은 다음에 먹어도 좋은데, 난 모처럼 젓가락으로 휘휘 저어 국물과 혼연일체로 만들었다. 그러자 국물이 많이 담백해졌다. 이상하게 라면이든 우동이든 노란 양은냄비에 끓여서 나오면 뭐든지 더 맛있게 느껴진다.

튀김우동에는 쑥갓, 텐카츠, 튀김, 유부 등이 토핑되어 있었다. 그런데 정작

냄비우동 / 일본에 나베야끼우동이 있다면, 우리에겐 냄비우동이 있다.

튀김이 몇 개 없어서, 요술 상자님의 눈치를 보며 한 개를 집어 와서 중고나라 소심녀와 함께 맛보았다. 내가 먹은 건 오징어튀김이었는데 국물이 잘 스며들어서인지 맛이 고소했다. 둘 다 오징어튀김이었는지 궁금해서 요술 상자님께 뭘 먹었냐고 여쭤 보니, 그분 왈 "기억이 안 나." 네, 알겠습니다…… 그저 튀김이라면 다 좋으신 게지요. 쿨럭. ◆

튀김우동 / 갖가지 다른 재료와 함께 우동 위에 올려진 고소한 오징어튀김이 포인트.

동문 우동 전문점

영업시간 : 10:00~21:00

브레이크 타임 : 없음

휴일 : 없음

전화 : 02-794-9985

주소 : 서울시 용산구 이촌동 300-10번지

주차시설 : 없음. 인근 아파트 단지에 잠시 주차 가능

* 튀김우동 5,500원   * 돌냄비우동 7,000원
* 냄비우동 6,000원   * 유부초밥 3,000원
* 가끼우동 4,500원

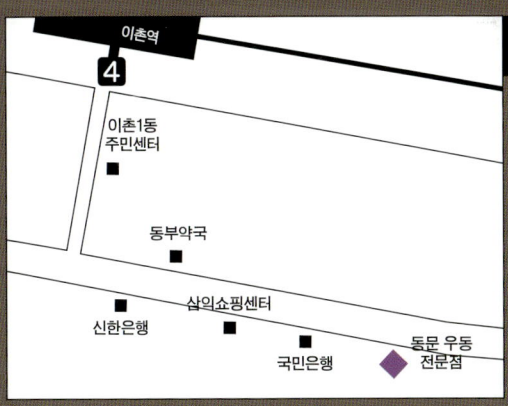

중앙선 이촌역 4번 출구로 나와 이촌1동 주민센터를 지나면 큰 길이 나온다. 길을 건너 좌회전한 다음 약 800m 정도 걸어가면 우측에 〈동문 우동 전문점〉이 위치해 있다.

3. 을밀대

✦✦✦

  KBS에서 방영된 〈역사스페셜〉 가운데 을지문덕이 승리했다는 내용의 '살수대첩' 편을 보고 있는데, '을밀대'라는 정자가 눈에 들어 왔다. 그렇다. 을밀대는 평양직할시 중구역 경산동에 있는 고구려시대의 누정(樓亭)이자 서울의 평양냉면 전문점 이름이기도 하다. 중국에 있는 그 광활한 자금성이 우리나라에서는 중국집 이름으로 쓰이고 있듯이.
을밀대라는 이름은 먼 옛날 을밀 선녀가 그곳의 기막힌 경치에 반해 하늘에서 내려와 놀았다는 설화에서 유래했다. 을지문덕 장군의 아들인 을밀 장군이 그곳을 지키기 위해 싸웠다는 이야기도 전해진다.
내가 진정한 '평양냉면'을 맛본 것은 〈을밀대〉가 처음이었다. 조금씩 공간을 늘려 나간 흔적이 다분히 보이는 이곳은, 도대체 어디까지가 경계선인

지 궁금할 정도로 영역을 넓혀 가고 있었다. 식당의 외양은 낡은 티를 굳이 감추려 하지 않았는데, 그런 분위기가 오랜 역사를 잘 보여 주는 듯해서 오히려 정겨웠다(사실 1950~1960년대는 내가 태어나지도 않은 시절이지만……).

어떤 사람은 〈을밀대〉 냉면의 특징인 은은함과 담백함을 두고 아무 맛도 아니라는 의견을 내놓기도 하지만, 내 의견은 다르다. 매운맛을 포함하여 자극적인 맛을 좋아하는 편이긴 하지만, 이곳의 냉면은 은근 중독성이 있었다. 첫 맛은 "괜찮은데?" 정도였지만, 그 후로 2~3일 정도 지나자 그 맛이 새록새록 떠오르면서 또 가서 먹고 싶다는 마음이 들기 시작했다. 준고나라 소심녀는 약 2주일이 지난 뒤에 또 먹고 싶다는 고백을 했다. 사람에 따

물냉면 / 맛이 느껴지지 않을 정도의 은은함이 오히려 중독성 있는 을밀대식 평양냉면.

라 후폭풍도 시간을 달리해서 찾아오는 모양이었다.

KBS에서 방영된 〈30분 다큐〉의 '평양냉면의 진실' 편에서도 실제 평양냉면의 맛이 그다지 자극적이진 않았다는 내용이 등장했다. 오히려 새터민과 실향민이 서로 엇갈리게 증언하고 있었는데, 다큐멘터리에서는 이를 두고 실향민이 이야기하는 '아지노모토'라는 화학 조미료를 언급하면서 평양냉면이 남한으로 넘어오면서 맛이 변질되지 않았을까 하는 추측을 내놓았다. 아지노모토는 1908년에 일본이 세계 최초로 개발한 조미료로, 감칠맛이 중요한 한국 음식, 특히 그중에서도 냉면에 잘 어울렸다고 한다. 그 실향민도 아지노모토를 조금 넣으면 맛이 더 좋아졌다고 증언했다. 하지만 본래 평양냉면은 꿩고기를 푹 삶아 만든 육수에 동치미를 적당히 섞어 메밀 면을 말

녹두전 / 차가운 물냉면과 함께 먹으면 더 맛있는 녹두전.

아 먹는 형태였다고 한다. 그래서 자극적인 맛보다는 은은함이 더했을 것으로 추정되었다(북한에 가 볼 수는 없으니, 확실한 건 알 수 없다).
그들보다 뒤늦게 태어난 나로서는 원조 평양냉면과 〈을밀대〉에서 파는 평양냉면의 차이를 비교할 길이 없다. 다만 자극적인 맛이 없다고 싫어하는 사람들이 꽤 되는 것으로 볼 때, '비교적 본래의 맛에 가깝게 내고 있는 건 아닐까' 하고 조심스레 추측해 본다.
〈을밀대〉의 육수는 정말이지 담백하고 은은했다. 내 입맛에는 괜찮았는데, 대중적이지 않다는 말에 조금 놀랐다. 그럼에도 흔들리지 않고 그 맛을 이어가는 것이 좋았다. 그만큼 〈을밀대〉 특유의 냉면에 반한 단골들이 많다는 점에서, 마니아나 장인정신을 가진 사람도 훌륭히 경제활동을 하면서

살아갈 수 있는 시대가 열리고 있다는 생각에 살짝 흥분되기도 했다.

물론 옛날에도 폐인이나 마니아 같은 단어가 통용되지 않았을 뿐이지, 그런 문화는 분명 있었을 것으로 생각한다. 다만 요즘 같이 SNS가 성행하지 않았으니, 정보가 더디게 알려져서 그 수는 적었겠지만 말이다. 내가 좋아하는 마케팅 구루인 세스 고딘은 자신의 저서 《이상한 놈들이 온다》라는 책에서, 별종의 세상이 오고 있다며 이제 대중을 잊으라고 말했다. 여기서 별종이란 대중적인 것을 포기하고 자신이 선택한 세상을 살아가는 사람들을 가리키는 말로, 그런 의미에서 보면 〈을밀대〉 역시 대중을 포기한 별종의 식당이 아닐까 싶기도 하다. 그리고 나는 이런 식당을 좋아한다. ◆

---

01 세계적으로 가장 영향력 있는 경영구루 중 한 명으로, 저서로는 《보랏빛 소가 온다》 《생존을 이야기하다》 등이 있다.
02 세스 고딘 지음, 최지아 옮김, 21세기북스, 2011.

을밀대

영업시간 : 11:00~22:00

브레이크 타임 : 없음

휴일 : 명절

전화 : 02-717-1922

주소 : 서울시 마포구 염리동 147-6번지

주차시설 : 있음. 가게 앞에 오면 알려 줌

*물냉면 9,000원   *회냉면 12,000원

*사리 3,000원   *녹두전 8,000원

*비빔냉면 9,000원

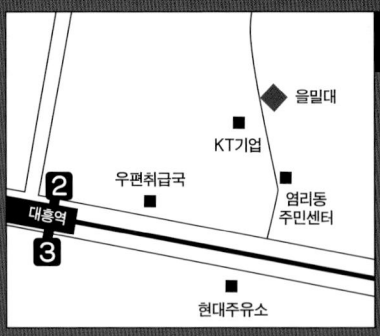

6호선 대흥역 2번 출구로 나와 염리동 주민센터 골목으로 들어가면 오른편에 위치해 있다.

평양냉면

겨울에도 합니다

직접눌러 뽑습니다